한 구절도
놓치고 싶지 않은

천자문

성명제(전 초등 한자 검인정 교과서 심의 위원) 엮음
정재홍 그림

효리원
hyoreewon.com

요즈음 한자 배우기에 다시금 불길이 번지고 있습니다. 한자 검증 시험에 해마다 응시생이 늘어나고, 각종 시험에 한자가 다시 등장하고 있습니다. 이렇듯 초등학생부터 대학생까지 한자 학습에 관심을 갖게 된 이유는 무엇일까요? 단지 시험에 합격하기 위해서일까요?

그렇지 않습니다. 한자는 우리 언어생활의 근간이 되고 학문을 연마하는 데 중요한 도구적 측면이 있습니다. 일상 대화에서도, 서너 줄의 글에서도 한자를 모르면 그 뜻을 정확히 알 수 없는 경우가 흔합니다.

어디 그뿐인가요? 우리의 역사·전통문화·풍습·조상의 삶·예절 등에서 한자를 모르면 이해 못 하는 부분들이 수없이 많습니다. 한자를 무시하고 사는 일은 마치 음식물에서 영양분은 빼고 섬유질만 섭취하는 것처럼 실속 없는 일입니다.

한·중·일 동방 삼국은 한자 문화권에서 살아왔습니다. 지리적으로나 역사적으로나, 우리는 이들 나라와 유대 관계를 더욱 긴밀히 해야 할 동북아 시대를 맞이하고 있습니다. 이러한 때 나는 한자 학습의 전통적인 방법을 소개하고자 합니다.

천자문은 예부터 한자 공부의 첫걸음으로 널리 애용해 왔습니다. 중국 양무제 때 주흥사라는 사람이, 황제의 명을 받아 하룻밤 사이에 지었다고 합니다. 그가 얼마나 고심과 정성을 다했는지 집필을 마치고 보니 머리가 백발이 되었다고 하지요. 그래

서 후세 사람들은 그가 지은 천자문을 '백수문(白首文)'이라고도 합니다.

천자문은 천 개의 한자를 한 번도 중복해서 쓰지 않고 네 글자씩 그 의미가 통하도록 엮은 책입니다. 자연 세계, 인류의 도덕과 문명에 이르는 광범위하고 심오한 철학과 함께 삶의 지혜와 사상을 담고 있습니다.

예전에 귀한 자식을 낳아 첫돌을 맞으면 아버지는 천 명에게 각각 한 글자씩 써 달라고 부탁해서, 말 그대로 천인천자문(千人千字文)으로 엮어 돌상에 올리기도 했습니다. 그렇게 하면 책 속에 담긴 많은 지혜가 고스란히 사랑하는 자식에게 옮겨질 것이라고 믿었던 것입니다.

천자문만이 지니고 있는 깊은 함축성과 맛깔스러움, 시적 아름다움과 세련된 어휘의 절제된 문장, 노래하듯 음송하며 뜻과 음을 함께 익힐 수 있는 탁월함은, 어떤 고전도 따를 수 없는 뛰어난 고전적인 가치와 교육적인 가치를 지니고 있습니다.

어느 때보다 어휘력과 문장 이해력이 떨어진 때입니다. 우리 자신의 자존과 도덕성도 급격히 무너져 가고 있습니다. 회복이 절실한 이때, 천자문으로 오늘 우리 자신의 모습과 진정한 삶의 가치를 한 번쯤 돌아보는 계기가 되었으면 합니다.

엮은이 성명제

차례

차례

한자를 예쁘게 쓰는 방법

한자는 획수가 복잡하면서도 일정한 순서를 가지고 있습니다. 이를 쓰는 순서, '필순'이라고 합니다. 따라서 한자는 정해진 필순에 따라 써야 합니다.

첫째, 가로를 먼저 긋고 그다음 세로를 내립니다. 둘째, 왼쪽에서 오른쪽 순서로 써 내려갑니다. 셋째, 위에서 아래로 차례로 써 내려갑니다.

가로 먼저 긋고 세로 내리기	十	十 十
왼쪽에서 오른쪽으로	川	川 川 川
위에서 아래로	言	言 言 言 言 言 言 言
중심에서 좌우로	水	水 水 水 水
바깥에서 안으로	因	因 因 因 因 因 因
가로 긋고 삐치기	左	左 左 左 左 左
왼쪽 먼저 삐치고 오른쪽 삐치기	父	父 父 父 父
꿰뚫는 획은 맨 끝에 긋기	車	車 車 車 車 車 車 車

한자를 예쁘게 쓰려면 위와 같은 정해진 필순에 따라 쓰는 것은 물론, 한자마다 가지고 있는 획의 모양을 잘 살려 써야 합니다. 永(길 영) 자로 몇 가지 쓰는 방법을 알아볼까요?

첫째, 가로획은 5~10도 가량 비스듬하게 올려 써야 합니다. (永,軍,國,室,木) 단, 맨 아랫부분 가로획은 10도로 비스듬히 올리지 않고, 수평에 가까운 느낌으로 써야 합니다. (軍,國,室)

둘째, 세로로 내리는 획은 끝을 살짝 삐쳐 올리는 획(永)과 삐쳐 올리지 않고 그대로 내려 긋는 획(木)을 잘 구분해서 써야 예쁜 글씨가 됩니다.

셋째, 길게 왼쪽으로 삐치는 획은 전체가 살짝 휘어진 듯 써야 예쁜 모양이 됩니다. (永)

넷째, 오른쪽으로 삐치는 획은 힘차게 빼다가 끝 부분에서 힘을 빼듯 살짝 삐쳐 주어야 예쁜 모양이 됩니다. (永)

천지현황 天地玄黃

월 일

하늘은 까마득히 높고 아득해서 검게 보이고,
땅은 흙의 빛깔 때문에 누렇다. 빛조차 가 닿을 수 없는
어둠의 세계에서 땅은 최초의 밝은 빛이다.

天	하늘 천	天 天 天 天
	天地(천지) : 하늘과 땅. 靑天(청천) : 푸른 하늘.	
	天 天 天	
地	땅 지	地 地 地 地 地 地
	地名(지명) : 땅 이름. 各地(각지) : 각 지방.	
	地 地 地	
玄	검을 현	玄 玄 玄 玄 玄
	玄米(현미) : 벼의 겉껍질만 벗겨 내 희지 않은 쌀. 玄武巖(현무암) : 화산 폭발로 생긴 검은빛 돌.	
	玄 玄 玄	
黃	누를 황	黃 黃 黃 黃 黃 黃 黃 黃 黃 黃 黃 黃
	黃金(황금) : 누런 빛깔의 금. 卵黃(난황) : 알의 노른자위.	
	黃 黃 黃	

천자문을 소리 내어 읽으며 바르고 예쁘게 써 보세요.

천	지	현	황	天	地	玄	黃

우주홍황 宇宙洪荒

월 일

하늘과 땅 사이는 끝없이 펼쳐져
넓고 깊게 뻗어 나간다. 세상은 도무지
가늠할 길이 없을 정도로 크고 넓다.

宇	집 우	宇 宇 宇 宇 宇 宇
	宇下(우하) : 처마 밑. 玉宇(옥우) : 천제가 사는 집, 즉 하늘.	
	宇 宇 宇	
宙	집 주	宙 宙 宙 宙 宙 宙 宙 宙
	宇宙(우주) : 만물을 포함한 끝없는 공간. 宙合樓(주합루) : 창덕궁 안에 있는 누각.	
	宙 宙 宙	
洪	넓을 홍	洪 洪 洪 洪 洪 洪 洪 洪 洪
	洪水(홍수) : 갑자기 크게 불은 물. 큰물. 洪魚(홍어) : 가오릿과에 속하는 바닷물고기.	
	洪 洪 洪	
荒	거칠 황	荒 荒 荒 荒 荒 荒 荒 荒 荒 荒
	荒土(황토) : 거친 땅. 荒廢(황폐) : 버려두어 못 쓰게 됨.	
	荒 荒 荒	

천자문을 소리 내어 읽으며 바르고 예쁘게 써 보세요.

우	주	홍	황	宇	宙	洪	荒

일월영측 日月盈昃

월 일

해는 서쪽으로 기울고 달도 차면 점차 기울어진다.
해와 달이 차고 기우는 모습에서
끝없이 순환하는 자연의 섭리가 드러난다.

日	날 **일**
	日記(일기) : 그날 있었던 일이나 느낌을 적은 기록. 休日(휴일) : 쉬는 날.
月	달 **월**
	每月(매월) : 달마다, 다달이. 月給(월급) : 다달이 받는 급료.
盈	찰 **영**
	盈盛(영성) : 넘치도록 가득 참. 盈月(영월) : 보름달.
昃	기울 **측**
	昃聞(측문) : 얼핏 소문으로 들음. 昃行(측행) : 옆으로 비켜서 걸음.

천자문을 소리 내어 읽으며 바르고 예쁘게 써 보세요.

일	월	영	측	日	月	盈	昃

진수렬장 辰宿列張

월 일

별들은 각각 제자리가 있어서
열을 이루어 하늘에 넓게 펼쳐져 있다.
질서정연한 별자리만 봐도 하늘은 조화롭다.

辰	별 이름 **진**	辰 辰 辰 辰 辰 辰 辰
	辰時(진시) : 오전 7시에서 9시 사이. 壬辰(임진) : 60갑자의 29번째.	
	辰 辰 辰	
宿	잘 **숙**/별자리 **수**	宿 宿 宿 宿 宿 宿 宿 宿 宿 宿 宿
	露宿(노숙) : 길에서 잠. 星宿(성수) : 모든 별자리의 별들.	
	宿 宿 宿	
列	벌일 **렬**	列 列 列 列 列 列
	列島(열도) : 줄을 짓듯이 늘어서 있는 섬들. 同列(동렬) : 같은 줄.	
	列 列 列	
張	베풀 **장**	張 張 張 張 張 張 張 張 張 張 張
	張本人(장본인) : 일을 일으킨 바로 그 사람. 主張(주장) : 자기의 의견을 굳게 내세움.	
	張 張 張	

천자문을 소리 내어 읽으며 바르고 예쁘게 써 보세요.

진	수	렬	장	辰	宿	列	張

한래서왕 寒來暑往

월 일

찬 것이 오면 더운 것이 가고, 더운 것이 오면 찬 것이 간다. 끝없이 순환하는 자연의 섭리에 따라 시간은 흐르고 계절은 돌고 돈다.

寒	찰 한
	寒氣(한기) : 오싹하여 몸이 떨리는 기운. 大寒(대한) : 24절기의 하나.
來	올 래
	來往(내왕) : 오고 감. 未來(미래) : 다가올 앞날.
暑	더울 서
	暑熱(서열) : 심한 더위. 避暑(피서) : 시원한 곳으로 옮겨 더위를 피함.
往	갈 왕
	往復(왕복) : 갔다가 돌아옴. 右往左往(우왕좌왕) : 이리저리 왔다 갔다 함.

천자문을 소리 내어 읽으며 바르고 예쁘게 써 보세요.

한	래	서	왕	寒	來	暑	往

추수동장 秋收冬藏

월 일

가을이면 곡식을 거두고, 겨울이 오면
그것을 저장한다. 사람들도 자연의 질서를 좇아
다음 계절을 미리 준비하는 지혜가 필요하다.

한자	훈음	필순
秋	가을 추	秋 秋 秋 秋 秋 秋 秋 秋 秋
	秋夕(추석) : 음력 8월 15일, 한가위. 春秋(춘추) : 봄과 가을.	
	秋 秋 秋	
收	거둘 수	收 收 收 收 收 收
	收入(수입) : 금품이나 곡물 같은 것을 거두어들임. 吸收(흡수) : 빨아들임.	
	收 收 收	
冬	겨울 동	冬 冬 冬 冬 冬
	冬眠(동면) : 겨울잠. 嚴冬(엄동) : 몹시 추운 겨울.	
	冬 冬 冬	
藏	감출 장	藏 藏 藏 藏 藏 藏 藏 藏 藏 藏 藏 藏 藏 藏 藏 藏 藏 藏
	藏書(장서) : 책을 간직하여 둠. 秘藏(비장) : 비밀히 감춤.	
	藏 藏 藏	

천자문을 소리 내어 읽으며 바르고 예쁘게 써 보세요.

추	수	동	장	秋	收	冬	藏

윤여성세 閏餘成歲

월 일

1년의 남은 시간을 모아 4년마다 한 번씩 윤달을 더하여 한 해를 이룬다. 인간의 시간을 하늘의 흐름에 맞춰 따르는 것이다.

閏	윤달 윤	閏年(윤년) : 음력에서 윤달이 든 해. 閏位(윤위) : 정통이 아닌 임금의 자리.
餘	남을 여	餘裕(여유) : 넉넉하고 남음이 있음. 剩餘(잉여) : 쓰고 난 나머지.
成	이룰 성	成功(성공) : 목적한 바를 이룸. 完成(완성) : 완전히 다 이룸.
歲	해 세	歲出(세출) : 일 년 동안의 지출. 歲拜(세배) : 새해에 웃어른에게 하는 인사.

천자문을 소리 내어 읽으며 바르고 예쁘게 써 보세요.

윤	여	성	세	閏	餘	成	歲

율려조양 律呂調陽

월 일

율려(음악의 원리)를 통해 밝은 기운을 고르게 한다.
음악의 리듬을 타듯이, 우주의 질서에 따라
세상의 에너지를 조화롭게 조절한다.

律	법칙 **률**	律 律 律 律 律 律 律 律 律
	律呂(율려) : 음률을 이루는 한 쌍의 음. 音律(음률) : 소리와 음악의 가락.	
	律 律 律	
呂	등뼈 **려**	呂 呂 呂 呂 呂 呂 呂
	呂鉅(여거) : 자랑하여 뽐내는 모양.	
	呂 呂 呂	
調	고를 **조**	調 調 調 調 調 調 調 調 調 調 調 調 調 調 調
	調律(조율) : 악기의 음을 고르는 것. 曲調(곡조) : 가락.	
	調 調 調	
陽	볕 **양**	陽 陽 陽 陽 陽 陽 陽 陽 陽 陽 陽 陽
	陽地(양지) : 볕이 바로 드는 곳. 太陽(태양) : 해.	
	陽 陽 陽	

천자문을 소리 내어 읽으며 바르고 예쁘게 써 보세요.

율	려	조	양	律	呂	調	陽

운등치우 雲騰致雨

월 일

구름이 하늘로 올라 비를 내리게 한다.
자연은 스스로의 법칙에 따라 움직이며,
변화는 그 흐름 안에서 자연스럽게 일어난다.

雲	구름 운	雲 雲 雲 雲 雲 雲 雲 雲 雲 雲 雲 雲
	雲霧(운무) : 구름과 안개. 風雲(풍운) : 바람과 구름.	
	雲 雲 雲	
騰	오를 등	騰 騰 騰 騰 騰 騰 騰 騰 騰 騰 騰 騰 騰 騰 騰 騰 騰 騰
	騰落(등락) : 값이 오르고 내림. 暴騰(폭등) : 갑자기 뛰어오름.	
	騰 騰 騰	
致	이를 치	致 致 致 致 致 致 致 致 致 致
	致命(치명) : 목숨이 끊어질 지경에 이름. 理致(이치) : 사물의 정당한 조리.	
	致 致 致	
雨	비 우	雨 雨 雨 雨 雨 雨 雨 雨
	雨期(우기) : 비가 오는 시기. 豪雨(호우) : 줄기차게 내리는 큰비.	
	雨 雨 雨	

천자문을 소리 내어 읽으며 바르고 예쁘게 써 보세요.

운	등	치	우	雲	騰	致	雨

노결위상 露結爲霜

월 일

이슬이 맺혀 서리가 된다. 이슬이 찬 기운을 만나 얼어서 서리가 되듯, 자연의 변화는 차분한 기다림의 시간 속에서 이루어진다.

露	이슬 로	露 露 露 露 露 露 露 露 露 露 露 露 露 露 露 露 露 露
	露天(노천) : 지붕이 없는 곳. 寒露(한로) : 24절기의 하나.	
	露 露 露	
結	맺을 결	結 結 結 結 結 結 結 結 結 結 結 結
	結末(결말) : 끝을 맺음. 團結(단결) : 많은 사람이 뭉쳐 행동하는 일.	
	結 結 結	
爲	할 위	爲 爲 爲 爲 爲 爲 爲 爲 爲 爲 爲 爲
	爲政者(위정자) : 정치를 하는 사람. 行爲(행위) : 행하는 짓.	
	爲 爲 爲	
霜	서리 상	霜 霜 霜 霜 霜 霜 霜 霜 霜 霜 霜 霜 霜 霜 霜 霜 霜
	霜降(상강) : 24절기의 하나로 서리가 내림. 風霜(풍상) : 바람과 서리.	
	霜 霜 霜	

천자문을 소리 내어 읽으며 바르고 예쁘게 써 보세요.

노	결	위	상	露	結	爲	霜

금생려수 金生麗水

월 일

금은 여수에서 난다. 여수는 '아름다운 물'로,
금이 나온다는 전설의 강이다. 귀한 금속일수록
그저 땅속이 아니라 좋은 환경에서 나온다는 말이다.

金	쇠 금	金 金 金 金 金 金 金 金
	金冠(금관) : 금으로 만든 관. 黃金(황금) : 누런 금.	
	金 金 金	
生	날 생	生 生 生 生 生
	生氣(생기) : 활발하고 생생한 기운. 胎生(태생) : 태어남.	
	生 生 生	
麗	고울 려	麗 麗 麗 麗 麗 麗 麗 麗 麗 麗 麗 麗 麗 麗 麗 麗 麗 麗
	麗色(여색) : 아름다운 얼굴. 美麗(미려) : 아름답고 고움.	
	麗 麗 麗	
水	물 수	水 水 水 水
	水災(수재) : 큰물로 입는 재해. 冷水(냉수) : 찬물.	
	水 水 水	

천자문을 소리 내어 읽으며 바르고 예쁘게 써 보세요.

금	생	려	수	金	生	麗	水

옥출곤강 玉出崑岡

월 일

옥은 곤륜산에서 난다. 곤륜산은 신선이 산다는 산으로,
그곳에서는 옥처럼 귀한 보물이 많다고 전해진다.
귀한 보물은 특별한 환경에서 나온다.

玉	구슬 옥	玉 玉 玉 玉 玉
	玉童子(옥동자) : 옥같이 예쁜 아들. 玉石(옥석) : 옥과 돌.	
	玉 玉 玉	
出	날 출	出 出 出 出 出
	出發(출발) : 길을 떠남. 出生(출생) : 사람이 태어남.	
	出 出 出	
崑	산 이름 곤	崑 崑 崑 崑 崑 崑 崑 崑 崑 崑 崑
	崑崙山(곤륜산) : 중국 신화에 나오는 신성한 산.	
	崑 崑 崑	
岡	산등성이 강	岡 岡 岡 岡 岡 岡 岡 岡
	岡陵(강릉) : 언덕이나 작은 산.	
	岡 岡 岡	

천자문을 소리 내어 읽으며 바르고 예쁘게 써 보세요.

옥	출	곤	강	玉	出	崑	岡

검호거궐 劍號巨闕

월 일

검은 거궐이 널리 알려져 있다.
거궐은 구야자가 만들었다고 알려진 명검으로,
이름만큼 위엄 있고 위대한 칼이다.

劍	칼 검	劍 劍 劍 劍 劍 劍 劍 劍 劍 劍 劍 劍 劍 劍 劍
		劍客(검객) : 검술을 잘하는 사람. 銃劍(총검) : 총과 칼.
		劍 劍 劍
號	이름 호	號 號 號 號 號 號 號 號 號 號 號 號 號
		號令(호령) : 지휘하여 명령함. 符號(부호) : 일정한 뜻을 나타내기 위해 정한 기호.
		號 號 號
巨	클 거	巨 巨 巨 巨 巨
		巨人(거인) : 큰 사람. 巨星(거성) : 큰 별.
		巨 巨 巨
闕	대궐 궐	闕 闕 闕 闕 闕 闕 闕 闕 闕 闕 闕 闕 闕 闕 闕 闕 闕 闕
		闕內(궐내) : 대궐 안. 宮闕(궁궐) : 임금이 거처하는 집.
		闕 闕 闕

천자문을 소리 내어 읽으며 바르고 예쁘게 써 보세요.

검	호	거	궐	劍	號	巨	闕

주칭야광 珠稱夜光

월 일

구슬은 야광주를 일컫는다.
용왕의 아들이 준 진주 구슬로, 밤에도
대낮처럼 환히 빛난다고 하여 야광주라고 불렸다.

珠 구슬 주

珠玉(주옥) : 구슬과 옥돌. 眞珠(진주) : 조개에서 만들어지는 보석.

稱 일컬을 칭

稱訟(칭송) : 공덕을 칭찬하여 기림. 愛稱(애칭) : 친밀하게 부르도록 붙인 이름.

夜 밤 야

夜景(야경) : 밤의 경치. 夜學(야학) : 밤에 배우는 공부.

光 빛 광

光明(광명) : 밝은 빛. 榮光(영광) : 빛나는 영예.

천자문을 소리 내어 읽으며 바르고 예쁘게 써 보세요.

주	칭	야	광	珠	稱	夜	光

과진리내 果珍李柰

월 일

과일 중에는 오얏과 능금이 귀하다.
오얏은 자두를, 능금은 사과를 말하는데,
두 과일은 임금께 올렸던 귀한 보물이었다.

한자	훈음	획순
果	실과 과	果 果 果 果 果 果 果 果
	果實(과실) : 먹을 수 있는 나무 열매. 結果(결과) : 열매를 맺음.	
珍	보배 진	珍 珍 珍 珍 珍 珍 珍 珍 珍
	珍味(진미) : 아주 좋은 맛. 珍羞(진수) : 진귀한 음식.	
李	오얏 리	李 李 李 李 李 李 李
	李下不整冠(이하부정관) : '오얏나무 밑에서는 갓을 고쳐 쓰지 마라.'는 뜻.	
柰	능금나무 내	柰 柰 柰 柰 柰 柰 柰 柰 柰
	柰園(내원) : 능금나무 동산.	

천자문을 소리 내어 읽으며 바르고 예쁘게 써 보세요.

과	진	리	내	果	珍	李	柰

채중개강 菜重芥薑

월 일

채소는 겨자와 생강이 제일 중요하다.
겨자와 생강은 약재로도 쓰였던 향신료로,
입맛을 돋우면서 건강에도 무척 이롭다.

菜	나물 **채**	菜 菜 菜 菜 菜 菜 菜 菜 菜 菜 菜 菜
	菜食(채식) : 채소를 먹는 것. 野菜(야채) : 먹을 수 있는 초본 식물의 총칭.	
	菜 菜 菜	
重	무거울 **중**	重 重 重 重 重 重 重 重 重
	重態(중태) : 병이 위급한 상태. 輕重(경중) : 가볍고 무거움.	
	重 重 重	
芥	겨자 **개**	芥 芥 芥 芥 芥 芥 芥 芥
	芥子(개자) : 겨자씨.	
	芥 芥 芥	
薑	생강 **강**	薑 薑 薑 薑 薑 薑 薑 薑 薑 薑 薑 薑 薑 薑 薑 薑 薑
	薑粉(강분) : 생강즙을 가라앉힌 앙금을 말린 가루.	
	薑 薑 薑	

천자문을 소리 내어 읽으며 바르고 예쁘게 써 보세요.

채	중	개	강	菜	重	芥	薑

해함하담 海鹹河淡

월 일

바닷물은 짜고 강물은 맑다.
모든 것은 저마다의 성질을 가지고 있어서,
자기만의 특성대로 어우러져 살아간다.

海	바다 해	海 海 海 海 海 海 海 海 海 海
		海洋(해양) : 넓은 바다. 海流(해류) : 일정한 방향으로 흐르는 바닷물.
		海 海 海
鹹	짤 함	鹹 鹹 鹹 鹹 鹹 鹹 鹹 鹹 鹹 鹹 鹹 鹹 鹹 鹹 鹹 鹹 鹹 鹹
		鹹水(함수) : 짠물. 鹹苦(함고) : 짜고 씀.
		鹹 鹹 鹹
河	물 하	河 河 河 河 河 河 河 河
		河川(하천) : 강과 개울. 氷河(빙하) : 얼어붙은 강.
		河 河 河
淡	맑을 담	淡 淡 淡 淡 淡 淡 淡 淡 淡 淡 淡
		淡水(담수) : 염분이 없는 물, 민물. 濃淡(농담) : 짙음과 엷음.
		淡 淡 淡

천자문을 소리 내어 읽으며 바르고 예쁘게 써 보세요.

해	함	하	담	海	鹹	河	淡

인잠우상 鱗潛羽翔

월 일

비늘 있는 고기는 물속을 헤엄치고
깃털 달린 새는 날아다닌다. 세상의 생명은
자기에게 맞는 자리에서 살아갈 때 가장 아름답다.

鱗	비늘 린
	鱗甲(인갑) : 비늘과 껍데기. 片鱗(편린) : 사물의 극히 작은 일부분.
	鱗 鱗 鱗
潛	무자맥질할 잠
	潛水(잠수) : 물속에 잠겨 들어감. 潛伏(잠복) : 몰래 숨어 있음.
	潛 潛 潛
羽	깃 우
	羽翼(우익) : 새의 날개. 羽扇(우선) : 새의 깃으로 만든 부채.
	羽 羽 羽
翔	날 상
	翔空(상공) : 하늘을 날아다님. 飛翔(비상) : 날아다님.
	翔 翔 翔

천자문을 소리 내어 읽으며 바르고 예쁘게 써 보세요.

인	잠	우	상	鱗	潛	羽	翔

용사화제 龍師火帝

월 일

고대 중국의 전설적인 지도자로는
하늘의 용을 다스려 문명을 전한 복희씨와,
자연의 불을 다스려 농경을 가르친 신농씨가 있다.

龍	용 **룡**	龍 龍 龍 龍 龍 龍 龍 龍 龍 龍 龍 龍 龍 龍 龍 龍
	龍顏(용안) : 임금의 얼굴. 龍頭蛇尾(용두사미) : 용의 머리에 뱀의 꼬리.	
	龍 龍 龍	
師	스승 **사**	師 師 師 師 師 師 師 師 師 師
	師團(사단) : 군대 편성의 한 단위. 出師(출사) : 군대를 어떤 곳으로 내어 보냄.	
	師 師 師	
火	불 **화**	火 火 火 火
	火急(화급) : 대단히 급함. 防火(방화) : 불이 나는 것을 미리 막음.	
	火 火 火	
帝	임금 **제**	帝 帝 帝 帝 帝 帝 帝 帝 帝
	帝王(제왕) : 황제 혹은 국왕을 총칭함. 大帝(대제) : '황제'의 존칭.	
	帝 帝 帝	

천자문을 소리 내어 읽으며 바르고 예쁘게 써 보세요.

용	사	화	제	龍	師	火	帝

조관인황 鳥官人皇

월 일

태양신을 돕는 까마귀를 다스려
인간 세계에 벼슬과 관리 체계를 세운 소호와,
인간 문화를 다스리는 삼황오제도 있다.

鳥	새 조	鳥 鳥 鳥 鳥 鳥 鳥 鳥 鳥 鳥 鳥 鳥
	鳥類(조류) : 새의 종류. 吉鳥(길조) : 유익한 새.	
	鳥 鳥 鳥	
官	벼슬 관	官 官 官 官 官 官 官 官
	官公署(관공서) : 관청과 공공 기관. 官吏(관리) : 관직에 있는 사람.	
	官 官 官	
人	사람 인	人 人
	人格(인격) : 사람의 됨됨이. 人權(인권) : 사람마다 가지고 있는 기본적인 권리.	
	人 人 人	
皇	임금 황	皇 皇 皇 皇 皇 皇 皇 皇 皇
	皇帝(황제) : 임금. 皇恩(황은) : 임금의 은혜.	
	皇 皇 皇	

천자문을 소리 내어 읽으며 바르고 예쁘게 써 보세요.

조	관	인	황	鳥	官	人	皇

시제문자 始制文字

월 일

창힐은 새 발자국을 보고 한자를 처음 만들었다.
이로써 말과 생각을 글로 기록하게 되었다.

始	비로소 시	始 始 始 始 始 始 始 始
	始終(시종) : 처음과 끝. 開始(개시) : 시작함.	
	始 始 始	
制	지을 제	制 制 制 制 制 制 制 制
	制度(제도) : 제정된 법규. 사회생활을 하는 데 필요한 법칙.	
	制 制 制	
文	글월 문	文 文 文 文
	文盲(문맹) : 글을 읽지 못함. 文人(문인) : 문학에 종사하는 사람.	
	文 文 文	
字	글자 자	字 字 字 字 字 字
	字解(자해) : 글자 풀이. 字數(자수) : 글자의 수.	
	字 字 字	

천자문을 소리 내어 읽으며 바르고 예쁘게 써 보세요.

시	제	문	자	始	制	文	字

내복의상 乃服衣裳

월 일

이어서 옷을 지어 입기 시작했다.
옷은 몸을 보호하고 신분과 역할을 나타낸다.
사람 사이의 질서와 예절이 생겨난 것이다.

乃	이에 **내**	乃 乃
	乃至(내지) : 얼마에서 얼마까지. 乃父(내부) : 그 아버지.	
	乃 乃 乃	
服	옷 **복**	服 服 服 服 服 服 服 服
	衣服(의복) : 옷. 服裝(복장) : 옷차림.	
	服 服 服	
衣	옷 **의**	衣 衣 衣 衣 衣 衣
	衣類(의류) : 옷의 종류. 白衣(백의) : 흰옷. 벼슬이 없는 선비.	
	衣 衣 衣	
裳	치마 **상**	裳 裳 裳 裳 裳 裳 裳 裳 裳 裳 裳 裳 裳 裳
	衣裳(의상) : 저고리와 치마. 紅裳(홍상) : 여자가 입는 붉은 빛깔의 치마.	
	裳 裳 裳	

천자문을 소리 내어 읽으며 바르고 예쁘게 써 보세요.

내	복	의	상	乃	服	衣	裳

추위양국 推位讓國

월 일

벼슬을 미루고 나라를 양보하였다.
요임금이 자기 아들이 못난 것을 알고,
나라를 자식 대신 인품이 좋은 이에게 넘겨주었다.

推	밀 추
	推理(추리) : 사리를 미루어 생각함. 推戴(추대) : 모셔 올려 받듦.
位	자리 위
	位置(위치) : 사람이나 물건이 있는 곳. 地位(지위) : 개인의 사회적 위치.
讓	사양할 양
	讓步(양보) : 사양하여 남에게 미루어 줌. 讓位(양위) : 임금의 자리를 물려줌.
國	나라 국
	國家(국가) : 나라. 愛國(애국) : 나라를 사랑함.

천자문을 소리 내어 읽으며 바르고 예쁘게 써 보세요.

추	위	양	국	推	位	讓	國

유우도당 有虞陶唐

월 일

그리하여 유우(순임금)와 도당(요임금) 같은 성군이 있었다. 훌륭한 지도자는 백성을 먼저 생각하여 더 나은 이에게 권력을 양보한다.

有	있을 유	有 有 有 有 有 有
		有力(유력) : 힘이 있음. 國有(국유) : 국가의 소유.
		有 有 有
虞	염려할 우	虞 虞 虞 虞 虞 虞 虞 虞 虞 虞 虞 虞 虞
		虞犯(우범) : 성격·환경으로 죄를 범할 우려가 있음. 艱虞(간우) : 걱정과 근심.
		虞 虞 虞
陶	질그릇 도	陶 陶 陶 陶 陶 陶 陶 陶 陶 陶 陶
		陶工(도공) : 옹기장이.
		陶 陶 陶
唐	당나라 당	唐 唐 唐 唐 唐 唐 唐 唐 唐 唐
		唐詩(당시) : 당나라의 시. 唐書(당서) : 당나라가 출판한 책.
		唐 唐 唐

천자문을 소리 내어 읽으며 바르고 예쁘게 써 보세요.

유	우	도	당	有	虞	陶	唐

조민벌죄 弔民伐罪

월 일

불쌍한 백성을 구하고 위로하기 위해
죄지은 임금을 벌하였다. 백성을 아끼고,
난폭한 임금을 쳐서 벌하는 것이 바른 정치이다.

한자	훈음	필순
弔	조상할 **조**	弔 弔 弔 弔
	弔意(조의) : 남의 죽음을 슬퍼함. 慶弔(경조) : 경사스러운 일과 궂은 일.	
民	백성 **민**	民 民 民 民 民
	民生(민생) : 국민의 생활. 國民(국민) : 나라의 백성.	
伐	칠 **벌**	伐 伐 伐 伐 伐 伐
	伐木(벌목) : 나무를 벰. 征伐(정벌) : 죄 있는 무리를 군대로써 침.	
罪	허물 **죄**	罪 罪 罪 罪 罪 罪 罪 罪 罪 罪 罪 罪 罪
	罪人(죄인) : 죄를 지은 사람. 犯罪(범죄) : 죄를 범함.	

천자문을 소리 내어 읽으며 바르고 예쁘게 써 보세요.

조	민	벌	죄	弔	民	伐	罪

주발은탕 周發般湯

월 일

폭군을 거꾸러뜨리고 새로운 왕조를 연 자는,
주나라의 무왕과 은나라의 탕왕이다.
발(發)은 주나라 무왕의 이름이다.

周	두루 주	周 周 周 周 周 周 周 周
	周圍(주위) : 둘레. 周邊(주변) : 언저리.	
	周 周 周	
發	필 발	發 發 發 發 發 發 發 發 發 發 發 發
	發光(발광) : 빛을 냄. 摘發(적발) : 숨어 드러나지 않은 것을 들추어냄.	
	發 發 發	
般	성할 은	般 般 般 般 般 般 般 般 般 般
	般盛(은성) : 번화하고 성함. 般般(은은) : 소리가 또렷이 들리는 모양.	
	般 般 般	
湯	끓일 탕	湯 湯 湯 湯 湯 湯 湯 湯 湯 湯 湯 湯
	湯藥(탕약) : 달여서 먹는 약. 熱湯(열탕) : 끓는 물.	
	湯 湯 湯	

천자문을 소리 내어 읽으며 바르고 예쁘게 써 보세요.

주	발	은	탕	周	發	般	湯

좌조문도 坐朝問道

월 일

임금이 조정에 앉아 신하들에게 나라를 다스리는 도리를 묻는다. 덕이 있는 임금은 신하들의 의견을 경청하며 신중하게 일을 처리하는 것이다.

한자	뜻과 음	쓰임
坐	앉을 좌	坐禪(좌선) : 고요히 앉아서 불도를 깨달음.
朝	아침 조	朝刊(조간) : 아침에 발행되는 신문. 朝夕(조석) : 아침과 저녁.
問	물을 문	問答(문답) : 서로 묻고 대답함. 訪問(방문) : 남을 찾아감.
道	길 도	道德(도덕) : 사람이 지켜야 할 도리. 道路(도로) : 사람이나 차가 다니는 길.

천자문을 소리 내어 읽으며 바르고 예쁘게 써 보세요.

좌	조	문	도	坐	朝	問	道

수공평장 垂拱平章

월 일

겸손한 자세로 나라를 다스리니,
옷을 드리우고 두 손을 맞잡고만 있어도
나라가 공평하고 평화롭다. 밝은 정치란 이런 것이다.

垂	드리울 **수**	垂 垂 垂 垂 垂 垂 垂 垂
	垂直(수직) : 똑바로 드리움. 垂範(수범) : 착한 일로써 몸소 남의 모범이 됨.	
	垂 垂 垂	
拱	팔짱 낄 **공**	拱 拱 拱 拱 拱 拱 拱 拱 拱
	拱手(공수) : 왼손을 오른손 위에 마주 잡아서 공경하는 뜻을 나타내는 예.	
	拱 拱 拱	
平	평평할 **평**	平 平 平 平 平
	平均(평균) : 많고 적음이 없이 고름. 平時(평시) : 평화로운 때.	
	平 平 平	
章	글 **장**	章 章 章 章 章 章 章 章 章 章 章
	文章(문장) : 한 줄거리의 생각이나 느낌을 글자로 기록하여 나타낸 것.	
	章 章 章	

천자문을 소리 내어 읽으며 바르고 예쁘게 써 보세요.

수	공	평	장	垂	拱	平	章

애육려수 愛育黎首

월 일

훌륭한 임금은 백성을 사랑으로 보살핀다.
검은 머리(여수)는 관모를 쓰지 않아 머리칼을
그대로 드러내고 다니는 일반 백성을 의미한다.

愛	사랑 애
	愛讀(애독) : 즐겨서 읽음. 博愛(박애) : 모든 사람을 평등하게 사랑함.
育	기를 육
	育成(육성) : 길러서 키움. 育英(육영) : 영재를 교육함.
黎	검을 려
	黎明(여명) : 밝아 오는 새벽. 黎民(여민) : 백성.
首	머리 수
	自首(자수) : 죄를 지은 사람이 스스로 당국에 그 죄를 신고함.

천자문을 소리 내어 읽으며 바르고 예쁘게 써 보세요.

애	육	려	수	愛	育	黎	首

신복융강 臣伏戎羌

월 일

백성을 사랑으로 자애롭게 다스리면,
주변의 오랑캐들도 와서 엎드려 신하가 된다.

臣	신하 **신**	臣 臣 臣 臣 臣 臣
	臣下(신하) : 임금을 섬기는 벼슬아치. 君臣(군신) : 임금과 신하.	
伏	엎드릴 **복**	伏 伏 伏 伏 伏 伏
	降伏(항복) : 힘에 눌려서 적에게 굴복함. 屈伏(굴복) : 굽히어 복종함.	
戎	병장기 **융**	戎 戎 戎 戎 戎 戎
	戎服(융복) : 전쟁 때 입는 옷. 戎馬(융마) : 전쟁 때 쓰는 말.	
羌	오랑캐 **강**	羌 羌 羌 羌 羌 羌 羌 羌
	羌笛(강적) : 중국 서방의 이민족이 불던 피리.	

천자문을 소리 내어 읽으며 바르고 예쁘게 써 보세요.

신	복	융	강	臣	伏	戎	羌

하이일체 遐邇壹體

월 일

먼 곳과 가까운 곳이 하나가 된다.
자애로운 임금은 그 덕망이 널리 퍼져,
먼 나라가 이웃 나라인 듯 한 몸처럼 어우러진다.

遐	멀 **하**	遐
	昇遐(승하) : '먼 곳으로 오른다.'라는 뜻으로 임금의 죽음을 이름.	
邇	가까울 **이**	邇
	遐邇(하이) : 멀고 가까운.	
壹	한 **일**	壹
	壹萬(일만) : 천의 열 곱절. 壹是(일시) : 모두.	
體	몸 **체**	體
	體格(체격) : 몸의 생김새. 體驗(체험) : 몸으로 경험함.	

천자문을 소리 내어 읽으며 바르고 예쁘게 써 보세요.

하	이	일	체	遐	邇	壹	體

솔빈귀왕 率賓歸王

월 일

그러면 제후들도 손님들을 데리고 임금에게로 돌아온다. 작은 지역을 거느린 제후국들이 덕이 있는 임금 아래로 모이면 세상이 평화로워진다.

率	거느릴 **솔**
	率先(솔선) : 남보다 먼저 나섬. 統率(통솔) : 온통 몰아서 거느림.
賓	손 **빈**
	貴賓(귀빈) : 귀한 손님. 來賓(내빈) : 모임에 공식적으로 초대를 받고 온 손님.
歸	돌아갈 **귀**
	歸國(귀국) : 외국에서 본국으로 돌아옴. 歸還(귀환) : 외지나 전쟁터에서 돌아옴.
王	임금 **왕**
	王命(왕명) : 왕의 명령. 王家(왕가) : 왕의 집안.

천자문을 소리 내어 읽으며 바르고 예쁘게 써 보세요.

솔	빈	귀	왕	率	賓	歸	王

명봉재수 鳴鳳在樹

□ 월 □ 일

지혜롭고 덕 있는 임금이 다스리면 봉황이
운다는 말과 같이, 자애로운 임금의 덕망이 미치는 곳마다
전설의 새 봉황이 나타나 운다.

한자	훈음	필순
鳴	울 명	鳴 鳴 鳴 鳴 鳴 鳴 鳴 鳴 鳴 鳴 鳴 鳴 鳴 鳴
	春雉自鳴(춘치자명) : 봄철의 꿩이 저절로 운다. 즉, 묻지 않은 것을 스스로 말함.	
	鳴 鳴 鳴	
鳳	봉새 봉	鳳 鳳 鳳 鳳 鳳 鳳 鳳 鳳 鳳 鳳 鳳 鳳 鳳 鳳
	鳳凰(봉황) : 신령스러운 상상의 새. 鳳輦(봉련) : 임금이 타는 수레.	
	鳳 鳳 鳳	
在	있을 재	在 在 在 在 在 在
	在野(재야) : 벼슬하지 않고 민가에 파묻혀 있음. 所在(소재) : 있는 곳.	
	在 在 在	
樹	나무 수	樹 樹 樹 樹 樹 樹 樹 樹 樹 樹 樹 樹 樹 樹 樹 樹
	樹林(수림) : 나무가 우거진 숲. 樹木(수목) : 살아 있는 나무.	
	樹 樹 樹	

천자문을 소리 내어 읽으며 바르고 예쁘게 써 보세요.

명	봉	재	수	鳴	鳳	在	樹

백구식장 白駒食場

월 일

또한 흰 망아지는 마당에서 풀을 먹는다.
자애로운 임금이 인재들과 대화하는 사이, 그들이 타고 온 망아지가 마당에서 풀을 뜯으니 활기가 넘친다.

白	흰 백	白 白 白 白 白
	白眉(백미) : 여럿 중에서 가장 뛰어난 사람이나 물건을 이르는 말.	
	白 白 白	
駒	망아지 구	駒 駒 駒 駒 駒 駒 駒 駒 駒 駒 駒 駒 駒 駒 駒
	千里駒(천리구) : 천리마, 혹은 자질이 또래에서 가장 뛰어난 사람을 말함.	
	駒 駒 駒	
食	밥 식	食 食 食 食 食 食 食 食 食
	食後(식후) : 밥을 먹은 뒤. 食言(식언) : 약속한 대로 실행하지 않음.	
	食 食 食	
場	마당 장	場 場 場 場 場 場 場 場 場 場 場 場
	場所(장소) : 자리, 곳. 登場(등장) : 무대나 장면에 나옴.	
	場 場 場	

천자문을 소리 내어 읽으며 바르고 예쁘게 써 보세요.

백	구	식	장	白	駒	食	場

화피초목 化被草木

월 일

풀과 나무마저도 임금의 덕을 입는다.
바른 정치는 사람뿐 아니라 자연에까지 영향을 미친다.

化

될 **화** 化 化 化 化

教化(교화) : 가르쳐서 착한 사람이 되게 함.

化 化 化

被

입을 **피** 被 被 被 被 被 被 被 被 被 被

被擊(피격) : 습격을 받음. 被服(피복) : 옷.

被 被 被

草

풀 **초** 草 草 草 草 草 草 草 草 草 草

草木(초목) : 풀과 나무. 草食(초식) : 풀을 먹음.

草 草 草

木

나무 **목** 木 木 木 木

木工(목공) : 나무로 물건을 만드는 일. 木材(목재) : 나무로 된 재료.

木 木 木

천자문을 소리 내어 읽으며 바르고 예쁘게 써 보세요.

화	피	초	목	化	被	草	木

뇌급만방 賴及萬方

월 일

그 이로움이 온 천하에 고루 가 닿는 것이다.
바른 정치가 널리 퍼지면,
나라 곳곳에서 그 도움을 받게 된다.

賴	의뢰할 **뢰**	賴 賴 賴 賴 賴 賴 賴 賴 賴 賴 賴 賴 賴 賴 賴 賴
	信賴(신뢰) : 남을 믿고 의지함. 依賴(의뢰) : 남에게 부탁하거나 의지함.	
	賴 賴 賴	
及	미칠 **급**	及 及 及 及
	及第(급제) : 시험에 합격함. 言及(언급) : 하는 말이 거기까지 미침.	
	及 及 及	
萬	일만 **만**	萬 萬 萬 萬 萬 萬 萬 萬 萬 萬 萬 萬 萬
	萬病(만병) : 온갖 병. 萬民(만민) : 모든 백성.	
	萬 萬 萬	
方	모 **방**	方 方 方 方
	處方(처방) : 병의 증세에 따라 약재를 배합하는 방법.	
	方 方 方	

천자문을 소리 내어 읽으며 바르고 예쁘게 써 보세요.

뇌	급	만	방	賴	及	萬	方

개차신발 蓋此身髮

월 일

대개 사람의 몸이나 그 몸에 난 털 하나라도
부모에게서 받지 않은 것이 없으니
항상 귀하게 생각해야 한다.

蓋	덮을 개	蓋然(개연) : 확실하지 않으나 그럴 것같이 추측됨.
此	이 차	此後(차후) : 이다음. 彼此(피차) : 저편과 이편.
身	몸 신	身病(신병) : 몸에 생긴 병. 身體(신체) : 사람의 몸.
髮	터럭 발	理髮(이발) : 머리를 깎음. 毛髮(모발) : 사람의 머리털.

천자문을 소리 내어 읽으며 바르고 예쁘게 써 보세요.

개	차	신	발	蓋	此	身	髮

사대오상 四大五常

월 일

네 가지 큰 것과 다섯 가지 떳떳한 것이 있다.
사대는 사람을 이루고 있는 기운으로
地水火風(지수화풍)을, 오상은 임금이 지켜야 할 도리인
仁義禮智信(인의예지신)을 말한다.

한자	훈음	필순
四	넉 사	四 四 四 四 四
	四海(사해) : 사방의 바다. 四分五裂(사분오열) : 여러 갈래로 갈기갈기 찢어짐.	
	四 四 四	
大	클/큰 대	大 大 大
	大小(대소) : 크고 작음. 大望(대망) : 큰 희망.	
	大 大 大	
五	다섯 오	五 五 五 五
	五里霧中(오리무중) : 안개 속같이 무슨 일에 대하여 갈피를 잡을 수 없음.	
	五 五 五	
常	떳떳할 상	常 常 常 常 常 常 常 常 常 常 常
	常識(상식) : 보통 사람이 알아야 할 지식. 常綠樹(상록수) : 사철 내내 잎이 푸른 나무.	
	常 常 常	

천자문을 소리 내어 읽으며 바르고 예쁘게 써 보세요.

사	대	오	상	四	大	五	常

공유국양 恭惟鞠養

월 일

부모님이 길러 주셨음을 공손하게 여긴다.
그간의 부모님의 양육을 존중하면서
감사하는 마음을 가져야 한다.

恭

공손할 **공**

恭遜(공손) : 공경하고 겸손함. 不恭(불공) : 공손하지 못함.

恭 恭 恭

惟

생각할 **유**

思惟(사유) : 생각함. 惟獨(유독) : 오직 홀로.

惟 惟 惟

鞠

국문할/기를 **국**

鞠養(국양) : 양육함. 拿鞠(나국) : 나라에서 죄인을 잡아다가 신문함.

鞠 鞠 鞠

養

기를 **양**

養老(양로) : 노인을 봉양함. 養成(양성) : 가르쳐서 길러 냄.

養 養 養

천자문을 소리 내어 읽으며 바르고 예쁘게 써 보세요.

공	유	국	양	恭	惟	鞠	養

기감훼상 豈敢毁傷

월 일

부모님께서 낳아 길러 주신 내 몸을
상하게 해서야 되겠는가? 부모님의 은혜를 생각하면
내 몸이라고 함부로 다룰 수 없다.

한자	훈음	필순
豈	어찌 **기**	豈 豈 豈 豈 豈 豈 豈 豈 豈 豈
	豈敢(기감) : 어찌 감히.	
敢	감히 **감**	敢 敢 敢 敢 敢 敢 敢 敢 敢 敢 敢 敢
	不敢(불감) : 감히 하지 못함. 敢行(감행) : 어려움을 무릅쓰고 과감하게 행함.	
毁	헐 **훼**	毁 毁 毁 毁 毁 毁 毁 毁 毁 毁 毁 毁 毁
	毁謗(훼방) : 남을 헐뜯어 비방함. 毁損(훼손) : 체면이나 명예를 손상함.	
傷	다칠 **상**	傷 傷 傷 傷 傷 傷 傷 傷 傷 傷 傷 傷 傷
	傷心(상심) : 마음을 상함. 負傷(부상) : 몸에 상처를 입음.	

천자문을 소리 내어 읽으며 바르고 예쁘게 써 보세요.

기	감	훼	상	豈	敢	毁	傷

여모정렬 女慕貞烈

월 일

여자는 정조를 굳게 지키고
행실을 단정히 하고 싶어 한다.
곧고 바른 품성을 존중하기 때문이다.

女	여자 녀	女 女 女
	女史(여사) : 결혼한 여자를 높여 이르는 말. 長女(장녀) : 맏딸.	
	女 女 女	
慕	그릴 모	慕 慕 慕 慕 慕 慕 慕 慕 慕 慕 慕 慕 慕 慕 慕
	思慕(사모) : 생각하고 그리워함. 追慕(추모) : 죽은 사람을 그리워함.	
	慕 慕 慕	
貞	곧을 정	貞 貞 貞 貞 貞 貞 貞 貞 貞
	貞潔(정결) : 정조가 곧고 행실이 깨끗함.	
	貞 貞 貞	
烈	세찰 렬	烈 烈 烈 烈 烈 烈 烈 烈 烈 烈
	烈士(열사) : 조국과 민족을 위하여 충성을 다하며 장렬하게 싸운 사람.	
	烈 烈 烈	

천자문을 소리 내어 읽으며 바르고 예쁘게 써 보세요.

여	모	정	렬	女	慕	貞	烈

남효재량 男效才良

월 일

남자는 재능을 닦고 어진 것을 본받아야 한다.
좋은 재능을 키워서 자신의 능력을
펼쳐 보이고 싶은 마음이 커서다.

男	남자 남	男 男 男 男 男 男 男
	男便(남편) : 아내의 배우자. 得男(득남) : 아들을 낳음.	
	男 男 男	
效	본받을 효	效 效 效 效 效 效 效 效 效 效
	效果(효과) : 보람으로 나타나는 좋은 결과. 效用(효용) : 보람 있는 소용.	
	效 效 效	
才	재주 재	才 才 才
	才能(재능) : 재주와 능력. 天才(천재) : 아주 뛰어난 재주.	
	才 才 才	
良	어질 량	良 良 良 良 良 良 良
	良識(양식) : 건전한 판단력. 善良(선량) : 착하고 어짊.	
	良 良 良	

천자문을 소리 내어 읽으며 바르고 예쁘게 써 보세요.

남	효	재	량	男	效	才	良

지과필개 知過必改

월 일

잘못을 알면 반드시 고쳐야 한다.
자신의 실수를 감추거나 변명하려 하지 말고,
제 허물을 인정하고 고쳐 나가는 태도가 중요하다.

한자	뜻과 소리	필순
知	알 지	知 知 知 知 知 知 知 知
	知覺(지각) : 깨달음. 諒知(양지) : 살피어 앎.	
	知 知 知	
過	지날 과	過 過 過 過 過 過 過 過 過 過 過 過 過
	過誤(과오) : 잘못. 過程(과정) : 사물의 진행과 발전의 경로.	
	過 過 過	
必	반드시 필	必 必 必 必 必
	必死(필사) : 반드시 죽음. 必勝(필승) : 반드시 이김.	
	必 必 必	
改	고칠 개	改 改 改 改 改 改 改
	改善(개선) : 잘못을 고쳐 좋게 함. 改革(개혁) : 새롭게 뜯어고침.	
	改 改 改	

천자문을 소리 내어 읽으며 바르고 예쁘게 써 보세요.

지	과	필	개	知	過	必	改

득능막망 得能莫忘

월 일

사람이 알아야 할 것을 배웠다면 잊지 말아야 한다.
처음 배운 것이나 배울 때의 마음가짐을 기억하고
겸손함을 잃지 않도록 노력해야 하는 것이다.

得	얻을 **득**	得 得 得 得 得 得 得 得 得 得 得
	得勢(득세) : 세력을 얻음. 利得(이득) : 이익을 얻음.	
	得 得 得	
能	능할 **능**	能 能 能 能 能 能 能 能 能 能
	能力(능력) : 어떤 일을 할 수 있는 힘. 效能(효능) : 효험을 나타내는 성능.	
	能 能 能	
莫	없을 **막**	莫 莫 莫 莫 莫 莫 莫 莫 莫 莫 莫
	莫强(막강) : 매우 강함. 莫重(막중) : 아주 중요함.	
	莫 莫 莫	
忘	잊을 **망**	忘 忘 忘 忘 忘 忘 忘
	忘却(망각) : 잊어버림. 健忘(건망) : 듣거나 본 것을 잘 잊어버림.	
	忘 忘 忘	

천자문을 소리 내어 읽으며 바르고 예쁘게 써 보세요.

득	능	막	망	得	能	莫	忘

망담피단 罔談彼短

월 일

남의 단점이나 허물을 함부로 말하면 안 된다.
한 번 나온 말은 되돌릴 수 없을 뿐더러,
좋은 관계는 따뜻한 말이 만든다.

罔	그물/없을 **망** 罔 罔 罔 罔 罔 罔 罔 罔
	罔極(망극) : 은혜가 끝이 없음.
	罔 罔 罔
談	말씀 **담** 談 談 談 談 談 談 談 談 談 談 談 談 談 談 談
	談笑(담소) : 웃고 즐기면서 이야기함. 面談(면담) : 서로 만나서 이야기함.
	談 談 談
彼	저 **피** 彼 彼 彼 彼 彼 彼 彼 彼
	彼我(피아) : 남과 나. 彼此(피차) : 저것과 이것.
	彼 彼 彼
短	짧을 **단** 短 短 短 短 短 短 短 短 短 短 短 短
	短期(단기) : 짧은 기간. 長短(장단) : 길고 짧음.
	短 短 短

천자문을 소리 내어 읽으며 바르고 예쁘게 써 보세요.

망	담	피	단	罔	談	彼	短

미시기장 靡恃己長

월 일

자신의 장점을 믿고 자랑하지 마라.
스스로 잘난 것을 믿고 자랑하다 보면,
교만에 빠져 성장할 기회를 놓치게 된다.

靡	쓰러질 **미**	靡
	風靡(풍미) : 어떤 사조나 사회적 현상 등이 널리 사회를 휩쓺.	
恃	믿을 **시**	恃
	恃賴(시뢰) : 믿고 의지함.	
己	몸 **기**	己
	知己(지기) : 자기의 마음속을 알뜰하게 알아줌.	
長	길 **장**	長
	長久(장구) : 길고 오램. 長成(장성) : 자라남.	

천자문을 소리 내어 읽으며 바르고 예쁘게 써 보세요.

미	시	기	장	靡	恃	己	長

신사가복 信使可覆

월 일

약속을 지키는 일은 거듭할수록 좋다.
한번 뱉은 말은 반드시 지켜서 신뢰를 계속
쌓아 가도록 노력해야 한다.

信	믿을 신	信 信 信 信 信 信 信 信 信
		信念(신념) : 굳게 믿는 마음. 書信(서신) : 편지.
		信 信 信
使	하여금(하게 할) 사	使 使 使 使 使 使 使 使
		使用(사용) : 물건을 씀. 特使(특사) : 특별한 임무를 띠고 파견되는 사절.
		使 使 使
可	옳을 가	可 可 可 可 可
		可能(가능) : 할 수 있음. 可望(가망) : 될 만한 희망.
		可 可 可
覆	뒤집힐/거듭 복	覆 覆 覆 覆 覆 覆 覆 覆 覆 覆 覆 覆 覆 覆 覆 覆 覆 覆
		覆考(복고) : 이리저리 뒤집어 가며 거듭 생각함.
		覆 覆 覆

천자문을 소리 내어 읽으며 바르고 예쁘게 써 보세요.

신	사	가	복	信	使	可	覆

기욕난량 器欲難量

월 일

사람의 그릇(기량)은 커서 헤아리기 어려워야 한다.
하나의 생각이나 재능에만 매달리지 말고,
어느 상황이라도 품을 수 있는 여유와 능력을 갖춰야 좋다.

器	그릇 기	器量(기량) : 사람의 재능과 도량. 大器(대기) : 큰 그릇.
欲	하고자 할 욕	欲望(욕망) : 무엇을 하고자 하거나 가지고자 함. 寡欲(과욕) : 물욕이 적음.
難	어려울 난	難民(난민) : 전쟁이나 재난을 피하여 떠돌아다니며 고생하는 사람.
量	헤아릴 량	計量(계량) : 분량을 잼. 雅量(아량) : 깊고 너그러운 마음씨.

천자문을 소리 내어 읽으며 바르고 예쁘게 써 보세요.

기	욕	난	량	器	欲	難	量

묵비사염 墨悲絲染

월 일

묵자는 흰 실에 검은 물이 드는 것을 슬퍼했다.
덕망 있던 사람이 더럽고 속된 사람들과 어울리면서
그들과 같아지는 일을 보았던 것이다.

墨	먹 묵
	墨客(묵객) : 글씨를 쓰거나 그림을 그리는 사람. 墨畵(묵화) : 먹으로 그린 그림.
悲	슬플 비
	悲觀(비관) : 인생을 어둡게 보아 슬퍼함. 悲劇(비극) : 비참한 사건.
絲	실 사
	製絲(제사) : 솜이나 고치 따위로 실을 만듦.
染	물들 염
	染色(염색) : 물을 들임. 感染(감염) : 병원체가 몸에 옮음.

천자문을 소리 내어 읽으며 바르고 예쁘게 써 보세요.

묵	비	사	염	墨	悲	絲	染

시찬고양 詩讚羔羊

월 일

『시경』에서는 「고양」 편을 찬미했다.
『시경』에 실린 「고양」 편의 시들은, 성군이라 칭송받는 주나라 문왕의 덕에 감동한 사람들의 이야기가 담겨 있다.

詩	시 시	詩 詩 詩 詩 詩 詩 詩 詩 詩 詩 詩 詩 詩
	詩歌(시가) : 시와 노래. 短詩(단시) : 짧은 시.	
	詩 詩 詩	
讚	기릴 찬	讚 讚 讚 讚 讚 讚 讚 讚 讚 讚 讚 讚 讚 讚 讚 讚 讚 讚
	讚美(찬미) : 아름다운 것을 칭송함. 讚揚(찬양) : 칭찬하여 나타나게 함.	
	讚 讚 讚	
羔	새끼 양 고	羔 羔 羔 羔 羔 羔 羔 羔 羔 羔
	羔羊(고양) : 어린 양과 큰 양.	
	羔 羔 羔	
羊	양 양	羊 羊 羊 羊 羊 羊
	羊毛(양모) : 양의 털. 山羊(산양) : 염소.	
	羊 羊 羊	

천자문을 소리 내어 읽으며 바르고 예쁘게 써 보세요.

시	찬	고	양	詩	讚	羔	羊

경행유현 景行維賢

월 일

행실을 훌륭하게 하고 당당하게 하면
어진 사람이 된다.

景	볕/우러러볼 **경**	景 景 景 景 景 景 景 景 景 景 景 景
	景致(경치) : 자연의 아름다운 모습. 光景(광경) : 어떤 장면의 모습.	
	景 景 景	
行	다닐 **행**	行 行 行 行 行 行
	行爲(행위) : 행하는 것. 行樂(행락) : 즐겁게 지냄.	
	行 行 行	
維	오직 **유**	維 維 維 維 維 維 維 維 維 維 維 維 維 維
	維持(유지) : 지탱하여 나감. 維歲次(유세차) : 제문의 첫머리에 쓰는 말.	
	維 維 維	
賢	어질 **현**	賢 賢 賢 賢 賢 賢 賢 賢 賢 賢 賢 賢 賢 賢 賢
	賢人(현인) : 어진 사람. 賢明(현명) : 어질고 영리하여 사리에 밝음.	
	賢 賢 賢	

천자문을 소리 내어 읽으며 바르고 예쁘게 써 보세요.

경	행	유	현	景	行	維	賢

극념작성 剋念作聖

월 일

성인의 말과 행동을 잘 생각하여
드디어 본받아 따르면 저절로 성인에
이르게 된다.

剋	이길 **극**	剋 剋 剋 剋 剋 剋 剋 剋 剋
	相剋(상극) : 서로 이기려고 하여 항상 충돌함.	
	剋 剋 剋	
念	생각 **념**	念 念 念 念 念 念 念 念
	念慮(염려) : 마음을 놓지 못함. 念願(염원) : 마음속으로 생각하고 바람.	
	念 念 念	
作	지을 **작**	作 作 作 作 作 作 作
	作用(작용) : 일정한 현상이나 행동을 일으킴. 作心(작심) : 마음을 단단히 먹음.	
	作 作 作	
聖	성인 **성**	聖 聖 聖 聖 聖 聖 聖 聖 聖 聖 聖 聖 聖
	聖恩(성은) : 임금이 베푸는 은혜. 聖職(성직) : 거룩한 직분.	
	聖 聖 聖	

천자문을 소리 내어 읽으며 바르고 예쁘게 써 보세요.

극	념	작	성	剋	念	作	聖

덕건명립 德建名立

월 일

항상 바른 마음가짐으로써
세상의 모든 일을 행하면, 그 덕행이
하루하루 쌓여 자연히 이름도 서게 된다.

德 클/덕 덕

德望(덕망) : 덕행으로 얻는 명망. 美德(미덕) : 아름다운 덕.

建 세울 건

建國(건국) : 나라를 세움. 建設(건설) : 건물을 짓거나 시설들을 이룩함.

名 이름 명

名曲(명곡) : 뛰어나게 잘된 악곡. 命名(명명) : 이름을 지어 줌.

立 설 립

立地(입지) : 영토를 세우고 얻음. 獨立(독립) : 남의 힘을 입지 않고 홀로 섬.

천자문을 소리 내어 읽으며 바르고 예쁘게 써 보세요.

덕 건 명 립 德 建 名 立

형단표정 形端表正

월 일

겉모습이 단정하고 깨끗하면
그 마음가짐도 바르며 또한 그 바른 마음이
밖으로 드러난다.

形	모양 **형**	形 形 形 形 形 形 形
	形象(형상) : 생긴 모양. 形式(형식) : 겉모습.	
端	끝/단정할 **단**	端 端 端 端 端 端 端 端 端 端 端 端 端 端
	極端(극단) : 맨 끄트머리. 端正(단정) : 옷매무새가 바름.	
表	겉 **표**	表 表 表 表 表 表 表 表
	表決(표결) : 회의를 할 때 가부 의사를 표시하여 결정함. 表面(표면) : 바깥 면.	
正	바를 **정**	正 正 正 正 正
	正月(정월) : 1년 중 첫째 달. 正義(정의) : 올바른 도리.	

천자문을 소리 내어 읽으며 바르고 예쁘게 써 보세요.

형	단	표	정	形	端	表	正

공곡전성 空谷傳聲

월 일

빈 골짜기에서도 소리가 울려 퍼진다.
성현의 말 한마디는 빈 골짜기에 소리가 울려 퍼지듯
온 세상에 퍼져 나가 사람들을 감동시킨다.

空	빌 공	空 空 空 空 空 空 空 空
		空間(공간) : 아무것도 없이 비어 있는 칸. 空日(공일) : 일을 하지 않고 쉬는 날.
		空 空 空
谷	골(골짜기) 곡	谷 谷 谷 谷 谷 谷 谷
		溪谷(계곡) : 두 산 사이에 물이 흐르는 골짜기.
		谷 谷 谷
傳	전할 전	傳 傳 傳 傳 傳 傳 傳 傳 傳 傳 傳 傳 傳
		傳達(전달) : 전하여 이르게 함. 傳來(전래) : 전하여 옴.
		傳 傳 傳
聲	소리 성	聲 聲 聲 聲 聲 聲 聲 聲 聲 聲 聲 聲 聲 聲 聲 聲 聲
		聲明(성명) : 공언하여 의사를 분명히 밝힘. 名聲(명성) : 세상에 떨친 이름.
		聲 聲 聲

천자문을 소리 내어 읽으며 바르고 예쁘게 써 보세요.

공	곡	전	성	空	谷	傳	聲

허당습청 虛堂習聽

월 일

빈 집에서도 소리를 내면 울려서 다 들린다.
착한 말을 하면 천 리까지 미치니,
올바른 말과 행동을 해야 한다.

한자	훈음	필순
虛	빌 허	虛 虛 虛 虛 虛 虛 虛 虛 虛 虛 虛 虛
	虛勢(허세) : 실상이 없는 기세. 虛實(허실) : 거짓과 참.	
堂	집 당	堂 堂 堂 堂 堂 堂 堂 堂 堂 堂 堂
	堂叔(당숙) : 오촌 아저씨. 堂上(당상) : 대청 위.	
習	익힐 습	習 習 習 習 習 習 習 習 習 習 習
	習慣(습관) : 버릇. 習得(습득) : 배워 터득함.	
聽	들을 청	聽 聽 聽 聽 聽 聽 聽 聽 聽 聽 聽 聽 聽 聽 聽 聽 聽 聽
	盜聽(도청) : 몰래 엿들음. 聽覺(청각) : 소리를 듣는 감각.	

천자문을 소리 내어 읽으며 바르고 예쁘게 써 보세요.

허	당	습	청	虛	堂	習	聽

화인악적 禍因惡積

월 일

재앙은 악을 쌓아서 생긴 일이다.
재앙을 받는 이는 평상시에
지속적으로 악을 쌓아 온 것이다.

禍	재앙 화	禍 禍 禍 禍 禍 禍 禍 禍 禍 禍 禍 禍 禍 禍
	禍根(화근) : 화가 되는 근본. 殃禍(앙화) : 지은 죄의 앙갚음으로 받는 재앙.	
因	인할 인	因 因 因 因 因 因
	因果(인과) : 원인과 결과. 原因(원인) : 어떤 일의 근본이 되는 까닭.	
惡	악할 악	惡 惡 惡 惡 惡 惡 惡 惡 惡 惡 惡 惡
	惡評(악평) : 나쁘게 평함. 善惡(선악) : 선과 악.	
積	쌓을 적	積 積 積 積 積 積 積 積 積 積 積 積 積 積 積 積
	積立(적립) : 모아서 쌓아 둠. 山積(산적) : 산더미같이 쌓임.	

천자문을 소리 내어 읽으며 바르고 예쁘게 써 보세요.

화	인	악	적	禍	因	惡	積

복연선경 福緣善慶

월 일

복은 착한 행동이 쌓여서 온다.
그러니 평소 착한 행동을 계속해라.
반드시 좋은 일이 따를 것이다.

福	복 **복**	福 福 福 福 福 福 福 福 福 福 福 福 福 福
		福利(복리) : 행복과 이익. 多福(다복) : 복이 많음.
		福 福 福
緣	인연/까닭 **연**	緣 緣 緣 緣 緣 緣 緣 緣 緣 緣 緣 緣 緣 緣 緣
		緣故(연고) : 까닭. 사유. 緣由(연유) : 일의 까닭.
		緣 緣 緣
善	착할 **선**	善 善 善 善 善 善 善 善 善 善 善 善
		善用(선용) : 알맞게 잘 씀. 善導(선도) : 올바른 길로 인도함.
		善 善 善
慶	경사/선행 **경**	慶 慶 慶 慶 慶 慶 慶 慶 慶 慶 慶 慶 慶 慶 慶
		慶弔(경조) : 경사와 흉사. 慶事(경사) : 축하할 만한 기쁜 일.
		慶 慶 慶

천자문을 소리 내어 읽으며 바르고 예쁘게 써 보세요.

복	연	선	경	福	緣	善	慶

척벽비보 尺壁非寶

월 일

한 자나 되는(팔뚝만한 크기의) 구슬이라고 해도
결코 보배라고 할 수 없다.

尺	자 척	尺 尺 尺 尺
		尺度(척도) : 계량이나 평가의 기준. 咫尺(지척) : 아주 가까운 거리.
		尺 尺 尺
壁	구슬 벽	壁 壁 壁 壁 壁 壁 壁 壁 壁 壁 壁 壁 壁 壁 壁 壁 壁 壁
		完璧(완벽) : 흠이 없는 구슬. 雙璧(쌍벽) : 두 개의 구슬.
		壁 壁 壁
非	아닐 비	非 非 非 非 非 非 非 非
		非凡(비범) : 보통이 아님. 是非(시비) : 잘잘못. 옳음과 그름.
		非 非 非
寶	보배 보	寶 寶 寶 寶 寶 寶 寶 寶 寶 寶 寶 寶 寶 寶 寶 寶 寶 寶
		寶劍(보검) : 보배로운 검. 國寶(국보) : 국가의 보배로 지정한 물건.
		寶 寶 寶

천자문을 소리 내어 읽으며 바르고 예쁘게 써 보세요.

척	벽	비	보	尺	壁	非	寶

촌음시경 寸陰是競

월 일

한 순간의 짧은 시간을
오히려 다투어 가져야 한다.
진귀한 구슬보다 값진 것이 시간이다.

寸	마디 촌	寸 寸 寸
	寸劇(촌극) : 아주 짧은 연극. 寸刻(촌각) : 매우 짧은 시각.	
	寸 寸 寸	
陰	그늘/세월 음	陰 陰 陰 陰 陰 陰 陰 陰 陰 陰 陰
	寸陰(촌음) : 매우 짧은 동안의 시간. 陰散(음산) : 날씨가 흐리고 으스스함.	
	陰 陰 陰	
是	이/옳을 시	是 是 是 是 是 是 是 是 是
	是認(시인) : 옳다고 인정함. 是正(시정) : 잘못된 것을 바로잡음.	
	是 是 是	
競	다툴 경	競 競 競 競 競 競 競 競 競 競 競 競 競 競 競 競 競 競
	競爭(경쟁) : 서로 겨루어 다툼. 競技(경기) : 기술의 낫고 못함을 서로 겨룸.	
	競 競 競	

천자문을 소리 내어 읽으며 바르고 예쁘게 써 보세요.

촌	음	시	경	寸	陰	是	競

자부사군 資父事君

월 일

어버이를 섬기는 마음을 바탕으로 임금을 섬겨야 한다. 부모에게 효도하는 마음과 임금에게 충성하는 마음은 같다.

資	재물/바탕 자	資 資 資 資 資 資 資 資 資 資 資 資 資
		資格(자격) : 신분과 지위. 資本(자본) : 영업의 기본이 되는 돈이나 물자.
		資 資 資
父	아버지 부	父 父 父 父
		父系(부계) : 아버지의 계통. 父親(부친) : 아버지.
		父 父 父
事	일/섬길 사	事 事 事 事 事 事 事 事
		事理(사리) : 사물의 이치. 每事(매사) : 하나하나의 모든 일.
		事 事 事
君	임금 군	君 君 君 君 君 君 君
		君子(군자) : 덕행이 높은 사람. 夫君(부군) : 남의 남편을 높여 이르는 말.
		君 君 君

천자문을 소리 내어 읽으며 바르고 예쁘게 써 보세요.

자	부	사	군	資	父	事	君

왈엄여경 曰嚴與敬

□월 □일

효도하고 충성하는 마음에는
엄숙함과 더불어 공경함이 있어야 한다.
말을 조심스럽게 하고 겸손하게 대해야 하는 것이다.

曰	가로(말하길) 왈
	曰可曰否(왈가왈부) : 어떤 일에 좋거니 좋지 않거니 하고 말함.
嚴	엄할 엄
	嚴正(엄정) : 엄격하고 바름. 嚴命(엄명) : 엄하게 명령함.
與	더불/줄 여
	與否(여부) : 그러함과 그렇지 아니함. 授與(수여) : 증서나 상품을 내리어 줌.
敬	공경 경
	敬意(경의) : 공경하는 마음. 敬虔(경건) : 공경하는 마음으로 깊이 삼가고 조심함.

천자문을 소리 내어 읽으며 바르고 예쁘게 써 보세요.

왈	엄	여	경	曰	嚴	與	敬

효당갈력 孝當竭力

월 일

부모를 섬기는 데는
마땅히 온 힘을 다해야 한다.

孝	효도 효	孝 孝 孝 孝 孝 孝 孝
	孝道(효도) : 부모를 잘 섬기는 도리. 孝子(효자) : 부모를 잘 섬기는 아들.	
	孝 孝 孝	
當	마땅 당	當 當 當 當 當 當 當 當 當 當 當 當 當
	當然(당연) : 도리상 그렇게 되어야 할 일. 該當(해당) : 무엇에 관계되는 바로 그것.	
	當 當 當	
竭	다할 갈	竭 竭 竭 竭 竭 竭 竭 竭 竭 竭 竭 竭 竭 竭
	竭力(갈력) : 있는 힘을 다함.	
	竭 竭 竭	
力	힘 력	力 力
	學力(학력) : 학문상의 실력. 國力(국력) : 나라의 힘.	
	力 力 力	

천자문을 소리 내어 읽으며 바르고 예쁘게 써 보세요.

효	당	갈	력	孝	當	竭	力

충즉진명 忠則盡命

월 일

임금을 섬기는 데 있어서는
목숨도 아끼지 않을
각오가 되어 있어야 한다.

忠	충성 충	忠 忠 忠 忠 忠 忠 忠 忠
	忠僕(충복) : 충직한 종. 忠臣(충신) : 충성스러운 신하.	
	忠 忠 忠	
則	곧 즉/법칙 칙	則 則 則 則 則 則 則 則 則
	規則(규칙) : 사람의 행위나 사무 처리의 표준이 되는 지침.	
	則 則 則	
盡	다할 진	盡 盡 盡 盡 盡 盡 盡 盡 盡 盡 盡 盡 盡 盡
	盡力(진력) : 힘 닿는 데까지 다함. 賣盡(매진) : 모조리 팔림.	
	盡 盡 盡	
命	목숨 명	命 命 命 命 命 命 命 命
	命中(명중) : 겨냥한 곳에 바로 맞음. 生命(생명) : 목숨.	
	命 命 命	

천자문을 소리 내어 읽으며 바르고 예쁘게 써 보세요.

충	즉	진	명	忠	則	盡	命

임심리박 臨深履薄

월 일

깊은 연못에 있는 듯 조심스럽게,
얇은 얼음을 밟듯이 세심하게 주의하면서
부모와 임금을 섬겨야 한다.

臨	임할 림	臨終(임종) : 죽게 된 때에 다다름. 君臨(군림) : 임금으로서 나라를 거느리어 다스림.
深	깊을 심	深夜(심야) : 한밤중. 深奧(심오) : 이론이나 견해가 깊고 오묘함.
履	밟을 리	履行(이행) : 약속이나 계약 등을 실행함. 木履(목리) : 나막신.
薄	엷을 박	薄俸(박봉) : 적은 봉급. 輕薄(경박) : 언행이 경솔하고 천박함.

천자문을 소리 내어 읽으며 바르고 예쁘게 써 보세요.

임	심	리	박	臨	深	履	薄

숙흥온정 夙興溫清

월 일

아침에는 일찍 일어나
부모님이 더우신지 추우신지 살핀다.
겨울에는 따뜻하게, 여름에는 서늘하게 해 드린다.

한자	뜻과 음 / 낱말
夙	이를(일찍) **숙**
	夙成(숙성) : 나이에 비하여 키가 크거나 일찍 지각이 듦.
	夙 夙 夙
興	일(일어날) **흥**
	興味(흥미) : 마음이 끌릴 정도로 좋은 멋이나 취미. 興亡(흥망) : 일어남과 망함.
	興 興 興
溫	따뜻할 **온**
	溫度(온도) : 덥고 찬 정도. 體溫(체온) : 사람이나 동물의 몸의 온도.
	溫 溫 溫
清	서늘할 **정/청**
	冬溫夏清(동온하정) : 겨울에는 따뜻하게, 여름에는 시원하게 함.
	清 清 清

천자문을 소리 내어 읽으며 바르고 예쁘게 써 보세요.

숙	흥	온	정	夙	興	溫	清

사란사형 似蘭斯馨

월 일

충효를 지키는 군자는 난초처럼 향기롭다.
깊은 골짜기에 있어도 홀로 향기로운 난초처럼,
군자의 지조(志操) 또한 넓고도 깊다.

한자	뜻과 음	필순
似	같을 사	似 似 似 似 似 似 似
	似而非(사이비) : 비슷해 보이나 실제로는 다름. 類似(유사) : 서로 비슷함.	
蘭	난초 란	蘭 蘭 蘭 蘭 蘭 蘭 蘭 蘭 蘭 蘭 蘭 蘭 蘭 蘭 蘭 蘭 蘭 蘭
	蘭交(난교) : 뜻이 맞아 서로 친밀한 사람들의 사귐.	
斯	이 사	斯 斯 斯 斯 斯 斯 斯 斯 斯 斯 斯 斯
	斯界(사계) : 이 분야. 斯文(사문) : 유교의 도의 또는 문화.	
馨	꽃다울/향기로울 형	馨 馨 馨 馨 馨 馨 馨 馨 馨 馨 馨 馨 馨 馨 馨 馨 馨 馨
	馨香(형향) : 향기로운 냄새.	

천자문을 소리 내어 읽으며 바르고 예쁘게 써 보세요.

사	란	사	형	似	蘭	斯	馨

여송지성 如松之盛

월 일

군자는 푸른 소나무처럼 당당하다.
우뚝 서서 일 년 내내 푸르른 산 위의 소나무처럼,
군자의 절개는 크고 굳세다.

한자	훈음	낱말
如	같을 **여**	如意(여의) : 일이 뜻대로 됨. 缺如(결여) : 응당 있어야 할 것이 부족하거나 없음.
松	소나무 **송**	松林(송림) : 소나무 숲. 松柏(송백) : 소나무와 잣나무.
之	갈 **지**	人之常情(인지상정) : 사람이 누구나 가지는 보통의 인정.
盛	성할 **성**	盛衰(성쇠) : 성하는 것과 쇠하는 것. 旺盛(왕성) : 한창 성함.

천자문을 소리 내어 읽으며 바르고 예쁘게 써 보세요.

여	송	지	성	如	松	之	盛

천류불식 川流不息

월 일

냇물은 밤낮을 쉬지 않고 흐른다.
군자 또한 항상 자기 수양을 멈추지 않는다.

川	내 천	川 川 川
	川獵(천렵) : 냇물에서 하는 고기잡이. 山川(산천) : 산과 내.	
	川 川 川	
流	흐를 류	流 流 流 流 流 流 流 流 流 流
	流動(유동) : 흘러 움직임. 風流(풍류) : 풍치 있고 멋스러운 일.	
	流 流 流	
不	아닐 불/부	不 不 不 不
	不當(부당) : 사리에 맞지 아니함. 不夜城(불야성) : 밤에도 낮처럼 밝은 곳.	
	不 不 不	
息	쉴 식	息 息 息 息 息 息 息 息 息 息
	棲息(서식) : 동물이 깃들여 삶. 窒息(질식) : 숨이 막힘.	
	息 息 息	

천자문을 소리 내어 읽으며 바르고 예쁘게 써 보세요.

천	류	불	식	川	流	不	息

연징취영 淵澄取映

월 일

연못의 물이 맑으면 그림자가 비친다.
군자는 사물의 옳고 그름을 분명하게 알아본다.

淵	못 연	淵源(연원) : 사물의 근본. 深淵(심연) : 깊은 연못.
澄	맑을 징	澄明(징명) : 맑고 똑똑함. 清澄(청징) : 맑고 깨끗함.
取	가질 취	取得(취득) : 자기 소유로 만들거나 수중에 넣음. 爭取(쟁취) : 싸워서 빼앗아 가짐.
映	비칠 영	反映(반영) : 반사되어 되비침. 放映(방영) : 텔레비전으로 방송함.

천자문을 소리 내어 읽으며 바르고 예쁘게 써 보세요.

연	징	취	영	淵	澄	取	映

용지약사 容止若思

월 일

용모와 행동거지는 생각하듯이 신중해야 한다.
군자는 말과 행동에 있어서 예가 아니면 하지 않고
예가 아니면 움직이지 않는 법이다.

容	얼굴 용	容 容 容 容 容 容 容 容 容 容
	容器(용기) : 물건을 담는 그릇. 美容(미용) : 아름다운 얼굴.	
	容 容 容	
止	그칠/행동거지 지	止 止 止 止
	行動擧止(행동거지) : 몸을 움직여 하는 모든 짓.	
	止 止 止	
若	같을 약	若 若 若 若 若 若 若 若 若
	萬若(만약) : 만일.	
	若 若 若	
思	생각 사	思 思 思 思 思 思 思 思 思
	思考(사고) : 생각하고 궁리함. 相思(상사) : 서로 생각하고 그리워함.	
	思 思 思	

천자문을 소리 내어 읽으며 바르고 예쁘게 써 보세요.

용	지	약	사	容	止	若	思

언사안정 言辭安定

월 일

태도만 침착할 뿐 아니라
말도 차분하게 하며 쓸데없는 말을 삼가라.

言	말씀 언	言 言 言 言 言 言 言
	言及(언급) : 하는 말이 그것에까지 미침. 甘言(감언) : 달콤한 말.	
	言 言 言	
辭	말씀 사	辭 辭 辭 辭 辭 辭 辭 辭 辭 辭 辭 辭 辭 辭 辭 辭 辭 辭
	辭緣(사연) : 하고자 하는 말. 辭讓(사양) : 받을 것을 받지 아니함.	
	辭 辭 辭	
安	편안 안	安 安 安 安 安 安
	安定(안정) : 일정한 상태를 유지함. 慰安(위안) : 위로하여 안심시킴.	
	安 安 安	
定	정할 정	定 定 定 定 定 定 定 定
	確定(확정) : 확고하게 정함. 判定(판정) : 판별하여 결정함.	
	定 定 定	

천자문을 소리 내어 읽으며 바르고 예쁘게 써 보세요.

언	사	안	정	言	辭	安	定

독초성미 篤初誠美

월 일

무엇이든지 처음 시작할 때는
마음을 다해 성실히 해야 아름답다.
시작이 반이고, 첫 단추를 잘 끼워야 하기 때문이다.

한자	훈음	필순
篤	도타울 독	篤 篤 篤 篤 篤 篤 篤 篤 篤 篤 篤 篤 篤 篤 篤 篤
	篤實(독실) : 열심이고 진실함. 危篤(위독) : 병세가 매우 중함.	
初	처음 초	初 初 初 初 初 初 初
	初步(초보) : 첫걸음. 初春(초춘) : 이른 봄.	
誠	정성 성	誠 誠 誠 誠 誠 誠 誠 誠 誠 誠 誠 誠 誠
	誠實(성실) : 정성스럽고 참되어 거짓이 없는 것.	
美	아름다울 미	美 美 美 美 美 美 美 美 美
	美觀(미관) : 아름다운 볼품. 美人(미인) : 아름다운 여자.	

천자문을 소리 내어 읽으며 바르고 예쁘게 써 보세요.

독	초	성	미	篤	初	誠	美

신종의령 愼終宜令

월 일

처음 시작할 때와 같이,
끝맺음도 마땅히 좋을 수 있도록 신중해야 한다.
令(하여금 령)에는 '좋다'는 의미도 함께 있다.

愼	삼갈 **신**
	愼重(신중) : 매우 조심스러움. 謹愼(근신) : 삼가고 조심함.
終	끝 **종**
	終結(종결) : 끝을 냄. 終身(종신) : 죽을 때까지.
宜	마땅 **의**
	便宜(편의) : 여러 가지 조건이 갖추어져서 생활하거나 일하는 데 편하고 좋음.
令	하여금 **령**
	令狀(영장) : 정부에서 내주는 명령서.

천자문을 소리 내어 읽으며 바르고 예쁘게 써 보세요.

신	종	의	령	愼	終	宜	令

영업소기 榮業所基

월 일

신중한 행동거지와 조심스러운 말,
처음과 끝이 한결같은 성실함을 잘 지키면,
세상을 빛낼 만한 일의 밑거름이 된다.

榮	영화 영	榮光(영광) : 빛나는 명예. 繁榮(번영) : 일이 성하게 잘됨.
業	업 업	業務(업무) : 직업으로 하는 일. 業績(업적) : 일의 성과.
所	바 소	所感(소감) : 느낀 바. 住所(주소) : 살고 있는 곳.
基	터/근거할 기	基礎(기초) : 사물의 밑바닥.

천자문을 소리 내어 읽으며 바르고 예쁘게 써 보세요.

영	업	소	기	榮	業	所	基

적심무경 籍甚無竟

월 일

뿐만 아니라 세상이 떠들썩할 정도로
이름이 널리 알려져 후대에까지 전해질 것이다.

籍

문서/떠들썩할 **적**

籍 籍 籍 籍 籍 籍 籍 籍 籍 籍 籍 籍 籍 籍 籍 籍 籍 籍

國籍(국적) : 일정한 국가의 국민으로서의 신분. 史籍(사적) : 역사를 적은 책.

籍 籍 籍

甚

심할 **심**

甚 甚 甚 甚 甚 甚 甚 甚 甚

甚難(심난) : 매우 어려움. 甚至於(심지어) : 심하면.

甚 甚 甚

無

없을 **무**

無 無 無 無 無 無 無 無 無 無 無 無

無名(무명) : 이름이 없음. 無知(무지) : 아는 것이 없음.

無 無 無

竟

마침내 **경**

竟 竟 竟 竟 竟 竟 竟 竟 竟 竟 竟

畢竟(필경) : 마침내. 竟夜(경야) : 밤새도록.

竟 竟 竟

천자문을 소리 내어 읽으며 바르고 예쁘게 써 보세요.

적	심	무	경	籍	甚	無	竟

학우등사 學優登仕

월 일

충분히 배운 뒤 벼슬길에 올라야 한다.
배운 것을 실천하고 나서
나랏일에 임해야 하는 것이다.

學	배울 학	學 學 學 學 學 學 學 學 學 學 學 學 學 學 學 學
	學問(학문) : 배우고 닦음. 碩學(석학) : 학식이 많은 큰 학자.	
	學 學 學	
優	넉넉할 우	優 優 優 優 優 優 優 優 優 優 優 優 優 優 優 優 優
	優待(우대) : 특별히 잘 대우함. 優等(우등) : 뛰어난 등급.	
	優 優 優	
登	오를 등	登 登 登 登 登 登 登 登 登 登 登 登
	登山(등산) : 산에 오름. 登校(등교) : 학생이 학교에 감.	
	登 登 登	
仕	섬길 사	仕 仕 仕 仕 仕
	仕官(사관) : 벼슬살이를 함.	
	仕 仕 仕	

천자문을 소리 내어 읽으며 바르고 예쁘게 써 보세요.

학	우	등	사	學	優	登	仕

섭직종정 攝職從政

월 일

자신에게 맞는 관직을 얻어야
나라 다스리는 일에 제대로 나아갈 수 있다.
공부하는 이유는 내게 맞는 일을 잘하기 위해서이다.

攝	잡을 섭
	攝生(섭생) : 적당한 운동과 적당한 음식물로 건강을 유지하도록 꾀함.
職	직분 직
	職分(직분) : 마땅히 해야 할 본분. 官職(관직) : 관리의 벼슬자리.
從	좇을 종
	從事(종사) : 어떤 일을 일삼아 함. 服從(복종) : 남의 명령·의사를 좇음.
政	정사 정
	政治(정치) : 국가의 주권자가 그 영토와 국민을 다스림.

천자문을 소리 내어 읽으며 바르고 예쁘게 써 보세요.

섭	직	종	정	攝	職	從	政

존이감당 存以甘棠

월 일

감당나무를 그대로 두어야 한다.
주나라 소공은 감당나무 아래에서 친히
백성들의 살림을 살피며 돌보았다.

存	있을 존	存 存 存 存 存 存
	存續(존속) : 그대로 계속하여 있음. 存在(존재) : 사물이 있음.	
	存 存 存	
以	써 이	以 以 以 以 以
	以心傳心(이심전심) : 마음으로 마음에 전함. 所以(소이) : 까닭.	
	以 以 以	
甘	달 감	甘 甘 甘 甘 甘
	甘受(감수) : 달게 받음. 苦盡甘來(고진감래) : 괴로운 일이 지나면 즐거운 일이 옴.	
	甘 甘 甘	
棠	팥배나무 당	棠 棠 棠 棠 棠 棠 棠 棠 棠 棠 棠 棠
	海棠(해당) : 장미과의 낙엽 관목, 바닷가 모래땅이나 산기슭에 남.	
	棠 棠 棠	

천자문을 소리 내어 읽으며 바르고 예쁘게 써 보세요.

존	이	감	당	存	以	甘	棠

거이익영 去而益詠

월 일

소공이 이미 세상을 떠났어도
더욱 그의 덕을 기려 읊어야 할 것이다.

去	갈 거	去 去 去 去 去
	去勢(거세) : 세력을 제거함. 過去(과거) : 지나간 때.	
	去 去 去	
而	말 이을 이	而 而 而 而 而 而
	而立(이립) : 서른 살을 일컬음.	
	而 而 而	
益	더할 익	益 益 益 益 益 益 益 益 益 益
	損益(손익) : 손해와 이익. 利益(이익) : 이롭고 도움이 되는 일.	
	益 益 益	
詠	읊을 영	詠 詠 詠 詠 詠 詠 詠 詠 詠 詠 詠 詠
	詠歌(영가) : 시가를 읊음.	
	詠 詠 詠	

천자문을 소리 내어 읽으며 바르고 예쁘게 써 보세요.

거	이	익	영	去	而	益	詠

악수귀천 樂殊貴賤

월 일

음악은 신분의 높고 낮음에 따라 다르다.
천자는 팔일무, 제후는 육일무, 사대부는 사일무…처럼
잔치를 벌일 수 있는 규모가 달랐다.

樂	노래 악	樂 樂 樂 樂 樂 樂 樂 樂 樂 樂 樂 樂 樂 樂 樂
	樂曲(악곡) : 음악의 곡조. 風樂(풍악) : 우리나라 고유의 음악.	
	樂 樂 樂	
殊	다를 수	殊 殊 殊 殊 殊 殊 殊 殊 殊 殊
	殊勳(수훈) : 큰 공훈. 特殊(특수) : 특별히 다름.	
	殊 殊 殊	
貴	귀할 귀	貴 貴 貴 貴 貴 貴 貴 貴 貴 貴 貴 貴
	高貴(고귀) : 높고 귀함. 騰貴(등귀) : 물건값이 뛰어오름.	
	貴 貴 貴	
賤	천할 천	賤 賤 賤 賤 賤 賤 賤 賤 賤 賤 賤 賤 賤 賤 賤
	賤待(천대) : 업신여겨 푸대접함. 貴賤(귀천) : 신분이나 일 따위의 귀함과 천함.	
	賤 賤 賤	

천자문을 소리 내어 읽으며 바르고 예쁘게 써 보세요.

악	수	귀	천	樂	殊	貴	賤

예별존비 禮別尊卑

월 일

예의를 지킴으로써 지위·나이의 높고 낮음에 따라
윗사람과 아랫사람을 구별한 것이다.
사회가 안정되려면 신분과 질서를 바르게 해야 한다.

禮	예도 례	禮 禮 禮 禮 禮 禮 禮 禮 禮 禮 禮 禮 禮 禮 禮 禮 禮
	禮物(예물) : 사례의 뜻으로 주는 물건. 禮遇(예우) : 예로써 대우함.	
	禮 禮 禮	
別	나눌 별	別 別 別 別 別 別 別
	別居(별거) : 한집안 식구로서, 따로 나가 삶. 別味(별미) : 별다른 맛.	
	別 別 別	
尊	높을 존	尊 尊 尊 尊 尊 尊 尊 尊 尊 尊 尊 尊
	尊敬(존경) : 받들어 공경함. 尊重(존중) : 높이고 중하게 여김.	
	尊 尊 尊	
卑	낮을 비	卑 卑 卑 卑 卑 卑 卑 卑
	卑怯(비겁) : 비열하고 겁이 많음. 卑賤(비천) : 신분이 낮고 천함.	
	卑 卑 卑	

천자문을 소리 내어 읽으며 바르고 예쁘게 써 보세요.

예	별	존	비	禮	別	尊	卑

상화하목 上和下睦

월 일

윗사람이 온화하면 아랫사람도 화목하다.
윗사람이 사랑으로 가르쳐 줌이 화(和)이고,
아랫사람이 공손하게 대하는 것이 목(睦)이다.

한자	훈음	필순
上	윗 상	上 上 上
	上古(상고) : 퍽 오랜 옛날. 主上(주상) : 신하가 자기의 임금을 이르는 말.	
和	화할 화	和 和 和 和 和 和 和 和
	和解(화해) : 다툼을 서로 그치고 풂. 調和(조화) : 알맞게 잘 어울림.	
下	아래 하	下 下 下
	下落(하락) : 값이나 등급 따위가 떨어짐. 落下(낙하) : 떨어져 내림.	
睦	화목할 목	睦 睦 睦 睦 睦 睦 睦 睦 睦 睦 睦 睦 睦
	和睦(화목) : 서로 뜻이 맞고 정다움. 親睦(친목) : 서로 친하여 화목함.	

천자문을 소리 내어 읽으며 바르고 예쁘게 써 보세요.

상	화	하	목	上	和	下	睦

부창부수 夫唱婦隨

월 일

또한 남편이 말하면 아내가 따라야 한다.
남편과 아내는 서로 역할이 달라, 서로 존중하고
지지하면서 그 뜻을 따라야 화목할 수 있다.

夫	지아비 부	夫 夫 夫 夫
	夫人(부인) : 남의 아내의 높임말. 農夫(농부) : 농사를 짓는 남자.	
	夫 夫 夫	
唱	부를 창	唱 唱 唱 唱 唱 唱 唱 唱 唱 唱 唱
	唱歌(창가) : 곡조에 맞춰서 노래 부름. 主唱(주창) : 주의나 주장을 부르짖음.	
	唱 唱 唱	
婦	며느리 부	婦 婦 婦 婦 婦 婦 婦 婦 婦 婦 婦
	主婦(주부) : 한 집안의 안주인. 夫婦(부부) : 결혼한 한 쌍의 남녀.	
	婦 婦 婦	
隨	따를 수	隨 隨 隨 隨 隨 隨 隨 隨 隨 隨 隨 隨 隨 隨 隨 隨
	隨行(수행) : 임무를 띠고 가는 사람을 따라감. 附隨(부수) : 따라서 붙는 것.	
	隨 隨 隨	

천자문을 소리 내어 읽으며 바르고 예쁘게 써 보세요.

부	창	부	수	夫	唱	婦	隨

외수부훈 外受傅訓

월 일

사람이 밖에 나가서는
스승의 가르침을 받아야 한다.

外

바깥 외

外交(외교) : 외부와의 교제. 外面(외면) : 대면하기를 꺼려 얼굴을 돌려 버림.

外 外 外

受

받을 수

受難(수난) : 재난을 당함. 領受(영수) : 돈이나 물품을 받음.

受 受 受

傅

스승 부

師傅(사부) : 스승. 임금의 아들을 교육하던 시강원의 벼슬.

傅 傅 傅

訓

가르칠 훈

訓戒(훈계) : 타일러 경계함. 敎訓(교훈) : 가르치고 이끌어 줌.

訓 訓 訓

천자문을 소리 내어 읽으며 바르고 예쁘게 써 보세요.

외	수	부	훈	外	受	傅	訓

입봉모의 入奉母儀

월 일

집에 들어와서는 어머니를 받들고 배운다.
어머니는 가정의 중심에서 바른 생각과 행동으로
자식에게 본보기가 되므로, 그것을 보고 배워야 한다.

入	들 입	入 入
	入山(입산) : 산속으로 들어감. 沒入(몰입) : 어떤 일에 온 정신이 빠짐.	
奉	받들 봉	奉 奉 奉 奉 奉 奉 奉 奉
	奉仕(봉사) : 남의 뜻을 받들어 섬김. 奉養(봉양) : 집안의 어른을 받들어 모심.	
母	어머니 모	母 母 母 母 母
	母國(모국) : 자기가 태어난 나라. 姑母(고모) : 아버지의 누이.	
儀	거동 의	儀 儀 儀 儀 儀 儀 儀 儀 儀 儀 儀 儀 儀 儀 儀
	儀式(의식) : 예를 갖추는 법식. 地球儀(지구의) : 지구의 모형.	

천자문을 소리 내어 읽으며 바르고 예쁘게 써 보세요.

입	봉	모	의	入	奉	母	儀

제고백숙 諸姑伯叔

월 일

고모, 백부, 숙부는 모두 아버지의 형제자매이다. 그러니 아버지처럼 받들고 공경해야 한다.

諸	모두 **제**	諸 諸 諸 諸 諸 諸 諸 諸 諸 諸 諸 諸 諸 諸 諸 諸
	諸君(제군) : 자네들. 諸般(제반) : 여러 가지.	
	諸 諸 諸	
姑	시어머니/고모 **고**	姑 姑 姑 姑 姑 姑 姑 姑
	姑婦(고부) : 시어머니와 며느리.	
	姑 姑 姑	
伯	맏 **백**	伯 伯 伯 伯 伯 伯 伯
	伯父(백부) : 큰아버지. 畵伯(화백) : 화가의 높임말.	
	伯 伯 伯	
叔	아저씨 **숙**	叔 叔 叔 叔 叔 叔 叔 叔
	叔父(숙부) : 아버지의 동생. 外叔(외숙) : 어머니의 남자 형제.	
	叔 叔 叔	

천자문을 소리 내어 읽으며 바르고 예쁘게 써 보세요.

제	고	백	숙	諸	姑	伯	叔

유자비아 猶子比兒

월 일

조카들은 형제자매의 자식이니
자기의 친자식과 같이 보살펴야 한다.

猶	오히려 **유**	猶 猶 猶 猶 猶 猶 猶 猶 猶 猶 猶 猶
	猶女(유녀) : 조카딸. 猶不足(유부족) : 오히려 모자람.	
	猶 猶 猶	
子	아들 **자**	子 子 子
	子婦(자부) : 며느리. 嫡子(적자) : 정실 아내가 낳은 아들.	
	子 子 子	
比	견줄 **비**	比 比 比 比
	比較(비교) : 서로 견주어 봄. 比肩(비견) : 서로 어깨를 나란히 함.	
	比 比 比	
兒	아이 **아**	兒 兒 兒 兒 兒 兒 兒 兒
	兒童(아동) : 어린아이. 建兒(건아) : 씩씩한 사나이.	
	兒 兒 兒	

천자문을 소리 내어 읽으며 바르고 예쁘게 써 보세요.

유	자	비	아	猶	子	比	兒

공회형제 孔懷兄弟

월 일

간절히 생각하는 것이 형제자매 사이이다.
한 부모에게서 나고 자랐으니 우애 있게 지내야 한다.

孔 구멍 **공**

瞳孔(동공) : 눈동자. 孔懷(공회) : 간절히 그리워하며 생각한다.

懷 품을 **회**

懷柔(회유) : 어루만져 잘 달램. 所懷(소회) : 마음에 품고 있는 회포.

兄 형 **형**

兄弟(형제) : 형과 아우. 老兄(노형) : 동년배 사이에서 대접하여 부르는 말.

弟 아우 **제**

弟嫂(제수) : 아우의 아내. 師弟(사제) : 스승과 제자 사이.

천자문을 소리 내어 읽으며 바르고 예쁘게 써 보세요.

공	회	형	제	孔	懷	兄	弟

동기련지 同氣連枝

월 일

형제자매는 한 나무에서 뻗은 여러 가지와 같다.
한 부모에게서 나고 자랐으니, 서로가 나인 듯
아끼고 사랑해야 한다.

同	한가지 **동**	同 同 同 同 同 同
	和同(화동) : 서로 사이가 좋음. 同苦同樂(동고동락) : 괴로움도 즐거움도 함께함.	
	同 同 同	
氣	기운 **기**	氣 氣 氣 氣 氣 氣 氣 氣 氣 氣
	氣力(기력) : 힘. 氣壓(기압) : 대기의 압력.	
	氣 氣 氣	
連	잇닿을 **련**	連 連 連 連 連 連 連 連 連 連 連
	連結(연결) : 서로 이어서 맺음. 連判(연판) : 여러 사람의 도장을 찍음.	
	連 連 連	
枝	가지 **지**	枝 枝 枝 枝 枝 枝 枝 枝
	枝葉(지엽) : 가지와 잎. 枝幹(지간) : 가지와 줄기.	
	枝 枝 枝	

천자문을 소리 내어 읽으며 바르고 예쁘게 써 보세요.

동	기	련	지	同	氣	連	枝

교우투분 交友投分

월 일

친구를 사귈 때는 서로 의기투합하여
마음을 나누어야 한다.

交

사귈 교

交流(교류) : 서로 뒤섞이어 흐름. 修交(수교) : 나라와 나라 사이에 교제를 맺음.

友

벗 우

友情(우정) : 친구 간의 정. 友邦(우방) : 서로 친밀한 관계를 가진 나라.

投

던질 투

投票(투표) : 선거 또는 어떤 사항을 결정할 때, 자기의 의사를 표시하는 일.

分

나눌 분

分別(분별) : 서로 다른 것을 구별하여 가름. 身分(신분) : 개인의 사회적 지위.

천자문을 소리 내어 읽으며 바르고 예쁘게 써 보세요.

교	우	투	분	交	友	投	分

절마잠규 切磨箴規

월 일

친구라면 열심히 배우고 닦으며 서로 경계하고
잡아 주면서 바른 길로 함께 가야 한다.
올바른 방향으로 이끌어 주는 것이 진정한 친구이다.

한자	뜻과 음	낱말
切	끊을 절	切望(절망) : 간절히 바람. 親切(친절) : 태도가 매우 정답고 고분고분함.
磨	갈 마	磨滅(마멸) : 닳아 없어짐. 研磨(연마) : 여러 번 갈고 닦음.
箴	경계 잠	箴言(잠언) : 가르쳐서 훈계가 되는 말.
規	법/바로잡을 규	規格(규격) : 일정한 표준. 例規(예규) : 관례와 규칙, 본보기.

천자문을 소리 내어 읽으며 바르고 예쁘게 써 보세요.

절	마	잠	규	切	磨	箴	規

인자은측 仁慈隱惻

월 일

어진 마음으로 남을 사랑하고
측은하게 여기는 마음을 가져야 한다.

仁	어질 인	仁 仁 仁 仁
	仁術(인술) : 어진 덕을 베푸는 방도. 仁慈(인자) : 어질고 자애로움.	
慈	사랑 자	慈 慈 慈 慈 慈 慈 慈 慈 慈 慈 慈 慈 慈
	慈善(자선) : 불쌍한 사람을 도움. 慈堂(자당) : 상대방의 어머니를 이르는 말.	
隱	숨을/가엾어 할 은	隱 隱 隱 隱 隱 隱 隱 隱 隱 隱 隱 隱 隱 隱 隱 隱 隱
	隱密(은밀) : 생각이나 행동 따위가 숨어 있어 겉으로 드러나지 아니함.	
惻	슬퍼할 측	惻 惻 惻 惻 惻 惻 惻 惻 惻 惻 惻 惻
	惻隱(측은) : 가엾고 애처로움.	

천자문을 소리 내어 읽으며 바르고 예쁘게 써 보세요.

인	자	은	측	仁	慈	隱	惻

조차불리 造次弗離

월 일

그러한 마음을 잠시라도 떨쳐 내서는 안 된다.
너그러움, 사랑, 불쌍히 여겨 돕고 싶은 마음은
사람을 사람답게 하는 바른 마음인 것이다.

造	지을 조	改造(개조) : 고쳐 만들거나 변화시킴. 造次(조차) : 얼마 되지 않는 짧은 시간. 잠시.
次	버금 차	次期(차기) : 다음 시기. 席次(석차) : 성적의 차례.
弗	아닐 불	弗乎(불호) : 탄식하는 말로 '아니구나', '아니다'의 의미.
離	떠날 리	離別(이별) : 서로 갈려서 떨어짐. 離散(이산) : 떨어져 흩어짐.

천자문을 소리 내어 읽으며 바르고 예쁘게 써 보세요.

조	차	불	리	造	次	弗	離

절의렴퇴 節義廉退

월 일

군자는 절개와 의리를 지키고,
청렴하여 불의와 부정 앞에서는 과감히
물러설 줄 알아야 한다.

節

마디 **절**

節約(절약) : 아끼어 씀. 節次(절차) : 일의 순서.

節 節 節

義

옳을 **의**

義理(의리) : 사람으로서 지켜야 할 도리. 義兄弟(의형제) : 의로 맺은 형제.

義 義 義

廉

청렴할 **렴**

清廉(청렴) : 고결하고 물욕이 없음.

廉 廉 廉

退

물러날 **퇴**

退治(퇴치) : 물리쳐서 없애 버림. 後退(후퇴) : 뒤로 물러감.

退 退 退

천자문을 소리 내어 읽으며 바르고 예쁘게 써 보세요.

절	의	렴	퇴	節	義	廉	退

전패비휴 顚沛匪虧

월 일

엎어지고 자빠져도 비뚤어지지 않아야 한다.
어려움이 닥치더라도 스스로 포기하여
바른 마음을 버려서는 안 된다.

한자	뜻/음	활용
顚	넘어질 전	顚倒(전도) : 거꾸로 됨. 顚末(전말) : 일의 처음부터 끝까지의 사정.
沛	늪/쓰러질 패	沛然(패연) : 성대한 모양. 沛澤(패택) : 초목이 나고 물이 있는 곳.
匪	비적/아니다 비	匪賊(비적) : 떼를 지어 돌아다니며 재물을 약탈하는 도둑.
虧	이지러질 휴	虧損(휴손) : 모자람. 虧月(휴월) : 이지러진 달.

천자문을 소리 내어 읽으며 바르고 예쁘게 써 보세요.

전	패	비	휴	顚	沛	匪	虧

성정정일 性靜情逸

월 일

성품이 고요하게 가라앉아 있으면
마음이 편안하다.

性	성품 **성**	性 性 性 性 性 性 性 性
	性格(성격) : 각 사람의 특유한 성질. 異性(이성) : 생리적으로 다른 성.	
	性 性 性	
靜	고요할 **정**	靜 靜 靜 靜 靜 靜 靜 靜 靜 靜 靜 靜 靜 靜 靜 靜
	靜肅(정숙) : 고요하고 엄숙함.	
	靜 靜 靜	
情	뜻 **정**	情 情 情 情 情 情 情 情 情 情 情
	情緖(정서) : 감정의 실마리. 多情(다정) : 무척 정다움.	
	情 情 情	
逸	달아날/편안할 **일**	逸 逸 逸 逸 逸 逸 逸 逸 逸 逸 逸 逸
	安逸(안일) : 편안하고 한가로움.	
	逸 逸 逸	

천자문을 소리 내어 읽으며 바르고 예쁘게 써 보세요.

성	정	정	일	性	靜	情	逸

심동신피 心動神疲

월 일

마음이 갈피를 못 잡고 요동치면
정신까지 피곤해진다. 힘든 상황에서도
마음을 잘 붙잡고 버텨야 평안을 지킬 수 있다.

心	마음 **심**	心 心 心 心
	心境(심경) : 마음의 상태. 都心(도심) : 도시의 중심부.	
	心 心 心	
動	움직일 **동**	動 動 動 動 動 動 動 動 動 動 動
	動機(동기) : 행동을 일으키게 하는 계기. 動搖(동요) : 흔들려 움직임.	
	動 動 動	
神	귀신 **신**	神 神 神 神 神 神 神 神 神 神
	神通(신통) : 이상하고도 묘함. 精神(정신) : 행동이나 활동을 충동하는 마음.	
	神 神 神	
疲	피곤할 **피**	疲 疲 疲 疲 疲 疲 疲 疲 疲 疲
	疲困(피곤) : 몸이 지치어 고달픔. 疲勞(피로) : 몸이나 정신이 지침.	
	疲 疲 疲	

천자문을 소리 내어 읽으며 바르고 예쁘게 써 보세요.

심	동	신	피	心	動	神	疲

수진지만 守眞志滿

월 일

진실한 마음을 잘 지키면
그 뜻이 온 마음에 가득하게 된다.
그러면 만족을 알아 여유가 생긴다.

守 지킬 수

守備(수비) : 적의 침입으로부터 지킴.

眞 참 진

眞理(진리) : 참된 도리. 眞相(진상) : 참된 모습.

志 뜻 지

志望(지망) : 뜻하여 바람. 同志(동지) : 뜻이 서로 같음.

滿 찰 만

滿開(만개) : 꽃이 활짝 핌. 滿員(만원) : 정원이 다 참.

천자문을 소리 내어 읽으며 바르고 예쁘게 써 보세요.

수	진	지	만	守	眞	志	滿

축물의이 逐物意移

월 일

재물을 따라가고자 하면
뜻이나 생각도 쏠리게 마련이다.
욕심을 좇느라 마음이 요동치게 된다.

한자	훈음	필순
逐	쫓을 축	逐 逐 逐 逐 逐 逐 逐 逐 逐 逐 逐
	逐出(축출) : 쫓아냄. 驅逐(구축) : 몰아서 쫓아냄.	
物	물건 물	物 物 物 物 物 物 物 物
	物望(물망) : 여러 사람이 우러러보는 명망. 萬物(만물) : 세상의 온갖 물건.	
意	뜻 의	意 意 意 意 意 意 意 意 意 意 意 意 意
	意見(의견) : 여러 대상에 대하여 가지는 생각. 意思(의사) : 마음먹은 생각.	
移	옮길 이	移 移 移 移 移 移 移 移 移 移 移
	移動(이동) : 옮기어 움직임. 移徙(이사) : 집을 옮김.	

천자문을 소리 내어 읽으며 바르고 예쁘게 써 보세요.

축	물	의	이	逐	物	意	移

견지아조 堅持雅操

올바른 지조를 굳게 지킨다.
올바른 지조를 잘 지키면 사람들의 존경과
임금의 신망까지 얻게 된다.

堅	굳을 견	堅 堅 堅 堅 堅 堅 堅 堅 堅 堅 堅
	堅固(견고) : 굳세고 단단함. 堅持(견지) : 굳게 지님.	
	堅 堅 堅	
持	가질 지	持 持 持 持 持 持 持 持 持
	持論(지론) : 변하지 않고 가지고 있는 의견. 持病(지병) : 늘 지니고 있는 병.	
	持 持 持	
雅	바를 아	雅 雅 雅 雅 雅 雅 雅 雅 雅 雅 雅 雅
	雅量(아량) : 넓은 도량. 端雅(단아) : 단정하고 아담함.	
	雅 雅 雅	
操	잡을/지조 조	操 操 操 操 操 操 操 操 操 操 操 操 操 操 操 操
	操業(조업) : 작업을 함. 操縱(조종) : 마음대로 다루어 부림.	
	操 操 操	

천자문을 소리 내어 읽으며 바르고 예쁘게 써 보세요.

견	지	아	조	堅	持	雅	操

호작자미 好爵自縻

월 일

그러면 좋은 벼슬이 저절로 따라오게 된다.
하늘이 준 바른 마음을 잘 지키면,
사람이 주는 벼슬도 자연스럽게 따라오는 것이다.

好	좋을 호	好 好 好 好 好 好
	好衣(호의) : 좋은 옷. 愛好(애호) : 사랑하고 좋아함.	
	好 好 好	
爵	술잔/벼슬 작	爵 爵 爵 爵 爵 爵 爵 爵 爵 爵 爵 爵 爵 爵 爵 爵 爵
	爵位(작위) : 벼슬과 직위. 封爵(봉작) : 제후로 봉하고 관직을 줌.	
	爵 爵 爵	
自	스스로 자	自 自 自 自 自 自
	自家(자가) : 자기 집. 自畵自讚(자화자찬) : 자기가 그린 그림을 자기가 칭찬함.	
	自 自 自	
縻	고삐 미	縻 縻 縻 縻 縻 縻 縻 縻 縻 縻 縻 縻 縻 縻 縻 縻 縻
	縻鎖(미쇄) : 쇠사슬로 비끄러맴. 繫縻(계미) : 옭아맴.	
	縻 縻 縻	

천자문을 소리 내어 읽으며 바르고 예쁘게 써 보세요.

호	작	자	미	好	爵	自	縻

도읍화하 都邑華夏

월 일

여름처럼 빛나는 나라, 중국에는
왕궁이 있던 큰 도읍이 있다.
화하(華夏)는 중국을 지칭하는 말이다.

都 도읍 도

都合(도합) : 모두. 首都(수도) : 한 나라의 정부가 있는 도시.

邑 고을 읍

邑村(읍촌) : 읍에 속한 마을. 邑人(읍인) : 마을 사람.

華 빛날 화

華僑(화교) : 외국에 사는 중국 사람. 豪華(호화) : 사치스럽고 화려함.

夏 여름 하

夏穀(하곡) : 여름에 거두는 곡식. 夏期(하기) : 여름철.

천자문을 소리 내어 읽으며 바르고 예쁘게 써 보세요.

도	읍	화	하	都	邑	華	夏

동서이경 東西二京

월 일

동쪽과 서쪽에 하나씩 두 서울이 있으니,
동경은 주나라의 수도 낙양(洛陽)을,
서경은 한나라의 수도 장안(長安)을 일컫는다.

東	동녘 **동**	東 東 東 東 東 東 東 東
	東問西答(동문서답) : 물음에 대하여 엉뚱한 대답을 함을 이르는 말.	
	東 東 東	
西	서녘 **서**	西 西 西 西 西 西
	西風(서풍) : 서쪽에서 불어오는 바람. 西歐(서구) : 서부 유럽의 여러 나라.	
	西 西 西	
二	두 **이**	二 二
	二毛作(이모작) : 한 논밭에 일 년에 두 가지 작물을 차례로 심어 가꾸는 일.	
	二 二 二	
京	서울 **경**	京 京 京 京 京 京 京 京
	京鄕(경향) : 서울과 시골. 歸京(귀경) : 서울로 돌아옴.	
	京 京 京	

천자문을 소리 내어 읽으며 바르고 예쁘게 써 보세요.

동	서	이	경	東	西	二	京

배망면락 背邙面洛

월 일

낙양은 북망산을 등지고 낙수강을 바라보고 있다.
뒤에 산이 있어 위험을 피할 수 있고,
앞에는 물이 흘러 농사 짓기에 좋다.

背	등 배	背 背 背 背 背 背 背 背 背
		背叛(배반) : 신의를 저버리고 돌아섬. 向背(향배) : 좇음과 등짐. 앞과 뒤.
		背 背 背
邙	북망산 망	邙 邙 邙 邙 邙 邙
		北邙山(북망산) : 중국 하남성 낙양에 있는 산. 옛날 중국의 귀인들이 묻힌 곳.
		邙 邙 邙
面	낯 면	面 面 面 面 面 面 面 面 面
		面目(면목) : 얼굴. 假面(가면) : 얼굴에 쓰기 위한 탈.
		面 面 面
洛	물 이름 락	洛 洛 洛 洛 洛 洛 洛 洛 洛
		洛陽紙價貴(낙양지가귀) : 책이 널리 세상에 퍼져 많이 읽힘을 일컫는 말.
		洛 洛 洛

천자문을 소리 내어 읽으며 바르고 예쁘게 써 보세요.

배	망	면	락	背	邙	面	洛

부위거경 浮渭據涇

월 일

장안은 위수강을 위에 두고 경수강에 의지한다.
위수강과 경수강 사이에 위치한 장안은
땅이 비옥하고 외부의 침략을 막기에 좋다.

浮	뜰 부	浮生(부생) : 덧없는 인생. 浮雲(부운) : 공중에 뜬 구름.
渭	물 이름 위	渭陽丈(위양장) : 남의 외삼촌을 높이어 이르는 말. 중국 고사.
據	의거할 거	據點(거점) : 의거하여 지키는 곳. 依據(의거) : 증거나 근거에 따라 함.
涇	통할 경	涇渭(경위) : 엉클어져 있는 내용에서 갈라 내는 옳음과 그름.

천자문을 소리 내어 읽으며 바르고 예쁘게 써 보세요.

부	위	거	경	浮	渭	據	涇

궁전반울 宮殿盤鬱

월 일

궁전의 건물들은 울창한 숲처럼 촘촘히 들어섰다.
그만큼 낙양과 장안은 번성한 도시로,
엄청난 발전을 이루었다.

宮 집 궁

王宮(왕궁) : 임금이 기거하는 궁전. 古宮(고궁) : 옛 궁궐.

殿 전각 전

殿下(전하) : 왕이나 왕비의 높임말. 殿閣(전각) : 임금이 거처하는 궁전.

盤 소반/평평할 반

盤石(반석) : 넓고 평평한 바위. 일 또는 사물이 매우 견고한 것을 이르는 말.

鬱 울창할 울

鬱蒼(울창) : 나무가 빽빽이 우거짐.

천자문을 소리 내어 읽으며 바르고 예쁘게 써 보세요.

궁 전 반 울 宮 殿 盤 鬱

누관비경 樓觀飛驚

월 일

누각들은 하늘로 높이 치솟아서 마치 날아가는 듯하다.
보는 사람이 그 장대한 기세에 놀랄 정도이다.

樓	다락/망루 루
	樓閣(누각) : 사방을 바라볼 수 있게 높이 지은 집 또는 다락방.
	樓 樓 樓
觀	볼 관
	觀點(관점) : 사물을 관찰할 때 그 사람이 보는 처지 혹은 각도.
	觀 觀 觀
飛	날 비
	飛火(비화) : 튀는 불똥. 飛行(비행) : 공중으로 날아다님.
	飛 飛 飛
驚	놀랄 경
	驚愕(경악) : 몹시 놀람. 驚歎(경탄) : 놀라 탄식하는 것.
	驚 驚 驚

천자문을 소리 내어 읽으며 바르고 예쁘게 써 보세요.

누	관	비	경	樓	觀	飛	驚

도사금수 圖寫禽獸

월 일

궁전 내부는 동물을 베껴 그려서
아름답게 장식했다.

圖	그림 도 圖 圖 圖 圖 圖 圖 圖 圖 圖 圖 圖 圖 圖 圖 圖表(도표) : 그림을 그려 나타낸 표. 圖 圖 圖
寫	베낄 사 寫 寫 寫 寫 寫 寫 寫 寫 寫 寫 寫 寫 寫 寫 寫 寫本(사본) : 문서나 책을 베껴 부본을 만듦. 寫 寫 寫
禽	새 금 禽 禽 禽 禽 禽 禽 禽 禽 禽 禽 禽 禽 禽 家禽(가금) : 집에서 기르는 닭·오리 따위의 새. 禽 禽 禽
獸	짐승 수 獸 獸 獸 獸 獸 獸 獸 獸 獸 獸 獸 獸 獸 獸 獸 獸 獸 獸 鳥獸(조수) : 새와 짐승. 獸心(수심) : 짐승같이 사납고 모진 마음. 獸 獸 獸

천자문을 소리 내어 읽으며 바르고 예쁘게 써 보세요.

도	사	금	수	圖	寫	禽	獸

화채선령 畵綵仙靈

월 일

신선과 신령스러운 것들도
화려하게 그려져 있다.
이 모든 것이 나라의 번영을 기원한 것이다.

한자	뜻과 음 / 낱말
畵	그림 **화**
	畵家(화가) : 그림 그리는 일을 전문으로 하는 사람. 畵壇(화단) : 화가들의 사회.
綵	비단 **채**
	綵雲(채운) : 꽃구름. 오색구름.
仙	신선 **선**
	仙境(선경) : 신선이 산다고 생각하는 곳. 仙風(선풍) : 신선 같은 풍채.
靈	신령 **령**
	靈魂(영혼) : 넋. 亡靈(망령) : 죽은 이의 넋.

천자문을 소리 내어 읽으며 바르고 예쁘게 써 보세요.

화	채	선	령	畵	綵	仙	靈

병사방계 丙舍傍啓

월 일

병사들의 숙소 옆으로 통행로를 열어
궁전 안을 드나드는 사람들의 편리를 도모했다.

丙	남녘 병	丙 丙 丙 丙 丙
	丙坐(병좌) : 묏자리나 집터 따위가 남쪽을 등진 좌향.	
	丙 丙 丙	
舍	집 사	舍 舍 舍 舍 舍 舍 舍 舍
	舍監(사감) : 기숙사에서 기숙생을 감독하는 사람. 舍宅(사택) : 살림집.	
	舍 舍 舍	
傍	곁 방	傍 傍 傍 傍 傍 傍 傍 傍 傍 傍 傍 傍
	傍觀(방관) : 옆에서 봄.	
	傍 傍 傍	
啓	열 계	啓 啓 啓 啓 啓 啓 啓 啓 啓 啓 啓
	啓導(계도) : 남을 깨치어 이끌어 줌. 啓示(계시) : 깨우쳐 보여 줌.	
	啓 啓 啓	

천자문을 소리 내어 읽으며 바르고 예쁘게 써 보세요.

병	사	방	계	丙	舍	傍	啓

갑장대영 甲帳對楹

월 일

멋진 휘장이 양쪽 기둥에 걸려 있었다.
한나라 무제가 갑장과 을장이라는 두 개의 장막을 만들어
궁전 양쪽 기둥 사이에 설치했던 것이다.

甲	갑옷 **갑**	甲 甲 甲 甲 甲
	甲富(갑부) : 첫째가는 부자. 還甲(환갑) : 나이 만 60세를 가리키는 말.	
	甲 甲 甲	
帳	장막 **장**	帳 帳 帳 帳 帳 帳 帳 帳 帳 帳 帳
	帳簿(장부) : 금품의 수입 또는 지출을 기록하는 책.	
	帳 帳 帳	
對	대할 **대**	對 對 對 對 對 對 對 對 對 對 對 對 對 對
	對決(대결) : 양자가 맞서서 우열을 가림. 相對(상대) : 서로 마주 대함.	
	對 對 對	
楹	기둥 **영**	楹 楹 楹 楹 楹 楹 楹 楹 楹 楹 楹 楹 楹
	楹鼓(영고) : 몸통 중앙에 기둥을 꿰어 세운 북. 楹棟(영동) : 기둥과 마룻대.	
	楹 楹 楹	

천자문을 소리 내어 읽으며 바르고 예쁘게 써 보세요.

갑	장	대	영	甲	帳	對	楹

사연설석 肆筵設席

월 일

돗자리를 깔아서 자리를 마련했다.
제후들과 신하들이 임금을 뵙는 날은
따로 준비되었다.

肆	방자할/펼 사	肆 肆 肆 肆 肆 肆 肆 肆 肆 肆 肆 肆 肆
	肆欲(사욕) : 제멋대로 욕심을 부림. 書肆(서사) : 책을 펴 놓고 파는 집. 서점.	
	肆 肆 肆	
筵	대자리 연	筵 筵 筵 筵 筵 筵 筵 筵 筵 筵 筵 筵 筵
	經筵(경연) : 임금 앞에서 경서를 강의하던 자리.	
	筵 筵 筵	
設	베풀 설	設 設 設 設 設 設 設 設 設 設 設
	設備(설비) : 베풀어서 갖춤. 設令(설령) : 그렇다 하더라도.	
	設 設 設	
席	자리 석	席 席 席 席 席 席 席 席 席 席
	宴席(연석) : 잔치를 베푸는 자리. 出席(출석) : 어떤 자리에 참석함.	
	席 席 席	

천자문을 소리 내어 읽으며 바르고 예쁘게 써 보세요.

사	연	설	석	肆	筵	設	席

고슬취생 鼓瑟吹笙

월 일

그날에는 비파를 치고 생황을 불었다.
신하들을 귀한 손님으로 여겨,
잔치를 열고 악기를 연주했던 것이다.

鼓	북 고	鼓 鼓 鼓 鼓 鼓 鼓 鼓 鼓 鼓 鼓 鼓 鼓 鼓
	鼓動(고동) : 심장이 뜀. 鼓舞(고무) : 북을 치면서 춤을 춤.	
	鼓 鼓 鼓	
瑟	큰 거문고/비파 슬	瑟 瑟 瑟 瑟 瑟 瑟 瑟 瑟 瑟 瑟 瑟 瑟 瑟
	琴瑟(금슬) : 거문고와 비파. 부부간의 애정을 일컫기도 함.	
	瑟 瑟 瑟	
吹	불 취	吹 吹 吹 吹 吹 吹 吹
	鼓吹(고취) : 북을 치고 피리를 붊.	
	吹 吹 吹	
笙	생황 생	笙 笙 笙 笙 笙 笙 笙 笙 笙 笙 笙
	笙簧(생황) : 아악에 쓰이는 관악기의 한 가지.	
	笙 笙 笙	

천자문을 소리 내어 읽으며 바르고 예쁘게 써 보세요.

고	슬	취	생	鼓	瑟	吹	笙

승계납폐 陞階納陛

월 일

신하들은 임금을 알현하기 위해서
계단으로 올라서야 했다.

陞	오를 승	陞級(승급) : 등급에 오름. 陞進(승진) : 지위가 올라감.
階	섬돌 계	階級(계급) : 관위·신분 등의 상하 등급. 階梯(계제) : 사닥다리.
納	들일 납	納得(납득) : 이해함. 出納(출납) : 금전·물품 따위를 내어 주고 받아들임.
陛	대궐 섬돌 폐	陛下(폐하) : '천자'의 높임말.

천자문을 소리 내어 읽으며 바르고 예쁘게 써 보세요.

승	계	납	폐	陞	階	納	陛

변전의성 弁轉疑星

월 일

신하들 관모에 달린 구슬들이 흔들리면,
그 모습이 별인 듯 의심이 들 정도였다.

弁	고깔 **변**	弁 弁 弁 弁 弁
	弁服(변복) : 관과 옷. 弁冕(변면) : 고깔과 면류관.	
轉	구를 **전**	轉 轉 轉 轉 轉 轉 轉 轉 轉 轉 轉 轉 轉 轉 轉 轉 轉 轉
	轉嫁(전가) : 자기의 허물을 남에게 덮어씌움.	
疑	의심할 **의**	疑 疑 疑 疑 疑 疑 疑 疑 疑 疑 疑 疑 疑 疑
	疑心(의심) : 믿지 못하는 마음. 懷疑(회의) : 의심을 품음.	
星	별 **성**	星 星 星 星 星 星 星 星 星
	星霜(성상) : 세월. 星座(성좌) : 별자리.	

천자문을 소리 내어 읽으며 바르고 예쁘게 써 보세요.

변	전	의	성	弁	轉	疑	星

우통광내 右通廣內

월 일

궁궐의 정전 오른쪽은 광내전으로 통했다.
어진 정치를 펼치기 위해, 오랜 문헌들이 보관된
광내전을 임금의 업무실 가까이에 두었던 것이다.

右	오른쪽 우	右 右 右 右 右
	右往左往(우왕좌왕) : 이리저리 왔다 갔다 함. 右翼(우익) : 새의 오른쪽 날개.	
	右 右 右	
通	통할 통	通 通 通 通 通 通 通 通 通 通 通
	通告(통고) : 서면이나 말로 알려 줌. 通達(통달) : 환히 앎.	
	通 通 通	
廣	넓을 광	廣 廣 廣 廣 廣 廣 廣 廣 廣 廣 廣 廣 廣 廣 廣
	廣告(광고) : 세상에 널리 알림. 廣大(광대) : 넓고 큼.	
	廣 廣 廣	
內	안 내	內 內 內 內
	內亂(내란) : 나라 안에서 일어난 반란.	
	內 內 內	

천자문을 소리 내어 읽으며 바르고 예쁘게 써 보세요.

우	통	광	내	右	通	廣	內

좌달승명 左達承明

월 일

왼쪽은 승명전과 이어져 있었다.
승명전은 온갖 기록물을 살피고 연구하는
곳으로, 바른 정치의 기반이 된다.

左	왼 좌 — 左 左 左 左 左
	左遷(좌천) : 관리가 높은 자리에서 낮은 자리로 떨어짐.
	左 左 左
達	통달할/이를 달 — 達 達 達 達 達 達 達 達 達 達 達 達 達
	達成(달성) : 목적한 바를 이룸. 榮達(영달) : 지위가 높고 귀하게 됨.
	達 達 達
承	이을 승 — 承 承 承 承 承 承 承 承
	承諾(승낙) : 청하는 바를 들어줌. 繼承(계승) : 조상이나 전임자의 뒤를 이어받음.
	承 承 承
明	밝을 명 — 明 明 明 明 明 明 明 明
	明年(명년) : 내년. 失明(실명) : 눈이 멂.
	明 明 明

천자문을 소리 내어 읽으며 바르고 예쁘게 써 보세요.

좌	달	승	명	左	達	承	明

기집분전 既集墳典

월 일

이미 삼분(三墳)과 오전(五典)은 모아 두었다.
삼분은 삼황(三皇)의 일을, 오전은 오제(五帝)의 일을
기록한 중국의 고전을 가리킨다.

한자	훈음	필순 / 풀이
既	이미 기	既 既 既 既 既 既 既 既 既 既 既
		既得(기득) : 이미 얻어서 차지함. 既往(기왕) : 현재보다 이전.
		既 既 既
集	모을 집	集 集 集 集 集 集 集 集 集 集 集 集
		集大成(집대성) : 많은 훌륭한 것을 모아서 하나의 완전한 것으로 만들어 내는 일.
		集 集 集
墳	무덤 분	墳 墳 墳 墳 墳 墳 墳 墳 墳 墳 墳 墳 墳 墳 墳
		墳墓(분묘) : 무덤. 古墳(고분) : 고대의 무덤.
		墳 墳 墳
典	법 전	典 典 典 典 典 典 典 典
		辭典(사전) : 단어를 모아서 일정한 순서로 배열하고, 설명을 해 놓은 책.
		典 典 典

천자문을 소리 내어 읽으며 바르고 예쁘게 써 보세요.

기	집	분	전	既	集	墳	典

역취군영 亦聚群英

월 일

또한 뛰어난 인재들을 수없이 불러 모았다.
훌륭한 신하들과 더불어 좋은 정치를 위한
정책을 논의하며 나랏일을 돌보기 위함이었다.

亦	또 **역**	亦 亦 亦 亦 亦 亦
	亦是(역시) : 또한. 亦然(역연) : 이 또한.	
	亦 亦 亦	
聚	모을 **취**	聚 聚 聚 聚 聚 聚 聚 聚 聚 聚 聚 聚 聚 聚
	聚落(취락) : 마을. 聚散(취산) : 모이고 흩어짐.	
	聚 聚 聚	
群	무리 **군**	群 群 群 群 群 群 群 群 群 群 群 群 群
	群鷄(군계) : 닭의 무리. 拔群(발군) : 여러 사람 가운데서 빼어남.	
	群 群 群	
英	꽃부리 **영**	英 英 英 英 英 英 英 英 英
	英特(영특) : 남달리 뛰어나고 훌륭함. 英才(영재) : 뛰어난 재주.	
	英 英 英	

천자문을 소리 내어 읽으며 바르고 예쁘게 써 보세요.

역	취	군	영	亦	聚	群	英

두고종례 杜藁鍾隸

월 일

글씨에는 두조가 쓴 초서와 종요가 쓴 예서가 있다.
후한의 두조는 초서의 명필이었고,
위나라의 국방장관 종요는 예서의 명필이었다.

杜	막을 두	杜門不出(두문불출) : 집에만 틀어박혀 밖에 나가지 아니함.
藁	짚/초서 고	藁草(고초) : 볏짚.
鍾	쇠북 종	鍾鉢(종발) : 작은 보시기.
隸	종/예서 례	隸字(예자) : 예서체의 글자.

천자문을 소리 내어 읽으며 바르고 예쁘게 써 보세요.

두	고	종	례	杜	藁	鍾	隸

칠서벽경 漆書壁經

월 일

옛 공자의 사당을 고치다가 벽에서 나온,
옻칠한 옛 경전들이 광내전에 있었다.
벽에서 발견된 경서라 하여 벽경(壁經)이라고 했다.

漆	옻 칠	漆 漆 漆 漆 漆 漆 漆 漆 漆 漆 漆 漆 漆 漆
	漆黑(칠흑) : 옻칠과 같이 검은 것.	
	漆 漆 漆	
書	글 서	書 書 書 書 書 書 書 書 書 書
	書信(서신) : 편지. 書類(서류) : 글자로 기록한 문서.	
	書 書 書	
壁	벽 벽	壁 壁 壁 壁 壁 壁 壁 壁 壁 壁 壁 壁 壁 壁 壁 壁
	壁報(벽보) : 벽에 써 붙여 여러 사람에게 알리는 글.	
	壁 壁 壁	
經	날 경	經 經 經 經 經 經 經 經 經 經 經 經 經
	經書(경서) : 사서오경 등 유교의 가르침을 쓴 서적.	
	經 經 經	

천자문을 소리 내어 읽으며 바르고 예쁘게 써 보세요.

칠	서	벽	경	漆	書	壁	經

부라장상 府羅將相

월 일

관청에는 장수들과 재상들이 모여 있었다.
나랏일을 돌보는 관청에는 훌륭한 무신과
문신들이 많았다.

한자	뜻·음	필순 / 낱말
府	마을 **부**	府 府 府 府 府 府 府 府
		政府(정부) : 행정권의 집행을 맡은 최고의 중앙 기관.
		府 府 府
羅	그물 **라**	羅 羅 羅 羅 羅 羅 羅 羅 羅 羅 羅 羅 羅 羅 羅 羅 羅 羅
		羅列(나열) : 죽 벌여 놓음. 網羅(망라) : 널리 받아들여 모두 포함함.
		羅 羅 羅
將	장수 **장**	將 將 將 將 將 將 將 將 將 將 將
		將軍(장군) : 군을 통솔, 지휘하는 무관.
		將 將 將
相	서로/정승 **상**	相 相 相 相 相 相 相 相 相
		相對(상대) : 서로 마주 봄. 相逢(상봉) : 서로 만남.
		相 相 相

천자문을 소리 내어 읽으며 바르고 예쁘게 써 보세요.

부	라	장	상	府	羅	將	相

노협괴경 路俠槐卿

월 일

대신들의 집이 큰길을 끼고 들어서 있었다.
관청이 있는 수도 주변을 으리으리한 집들이
가득 채울 정도로 나라가 번성했던 것이다.

路	길 로	路 路 路 路 路 路 路 路 路 路 路 路 路
	路線(노선) : 정해 놓고 통행하는 길. 行路(행로) : 세상을 살아가는 길.	
	路 路 路	
俠	의기로울/낄 협	俠 俠 俠 俠 俠 俠 俠 俠 俠
	俠客(협객) : 남자다운 기개를 지닌 사람. 俠卓(협탁) : 침대나 다른 가구 옆에 끼워 두는 작은 탁자.	
	俠 俠 俠	
槐	회화나무 괴	槐 槐 槐 槐 槐 槐 槐 槐 槐 槐 槐 槐 槐 槐
	槐木(괴목) : 회화나무. 三槐(삼괴) : 임금의 고문 구실을 하는 세 벼슬.	
	槐 槐 槐	
卿	벼슬 경	卿 卿 卿 卿 卿 卿 卿 卿 卿 卿 卿 卿
	公卿(공경) : 삼공(三公)과 구경(九卿)의 높은 벼슬자리를 아울러 이르는 말.	
	卿 卿 卿	

천자문을 소리 내어 읽으며 바르고 예쁘게 써 보세요.

노	협	괴	경	路	俠	槐	卿

호봉팔현 户封八縣

월 일

여덟 고을에서 걷는 세금을 제후들에게 내려 주었다.
천하를 통일한 한나라는 신하들에게
막대한 세금을 나누어 주었다.

户	집 호	户 户 户 户
	户別(호별) : 집마다. 户主(호주) : 한 집안의 주장이 되는 사람.	
封	봉할 봉	封 封 封 封 封 封 封 封 封
	封印(봉인) : 봉한 자리에 도장을 찍음. 開封(개봉) : 봉한 것을 떼어 엶.	
八	여덟 팔	八 八
	八字(팔자) : 사람이 출생한 연월일시의 간지 여덟 글자.	
縣	매달/고을 현	縣 縣 縣 縣 縣 縣 縣 縣 縣 縣 縣 縣 縣 縣 縣 縣
	縣監(현감) : 조선 시대에 작은 고을의 우두머리 벼슬아치. 縣治(현치) : 현의 행정.	

천자문을 소리 내어 읽으며 바르고 예쁘게 써 보세요.

호	봉	팔	현	户	封	八	縣

가급천병 家給千兵

월 일

또한 일천 군사를 주어 그의 집을 호위하게 했다.
큰 재물과 군사를 주어 특별하게 대한 만큼,
제후들은 충성을 다해 한나라를 받들었다.

家	집 가	家 家 家 家 家 家 家 家 家 家
	大家(대가) : 학문·예술 등에 뛰어난 권위를 이룬 사람.	
給	줄 급	給 給 給 給 給 給 給 給 給 給 給 給
	給食(급식) : 식사를 제공함. 給水(급수) : 물을 공급함.	
千	일천 천	千 千 千
	千里眼(천리안) : 천 리 밖의 것을 볼 수 있는 안력. 千秋(천추) : 오랜 세월.	
兵	병사 병	兵 兵 兵 兵 兵 兵 兵
	兵器(병기) : 전쟁에 쓰는 기구의 총칭. 兵卒(병졸) : 군사.	

천자문을 소리 내어 읽으며 바르고 예쁘게 써 보세요.

가	급	천	병	家	給	千	兵

고관배련 高冠陪輦

월 일

높은 관을 쓴 신하들이 임금의 수레를 모셨다.
임금이 어디를 가든, 수많은 신하들이 임금의 수레를 둘러싸고 든든하게 호위했다.

高	높을 고	高 高 高 高 高 高 高 高 高 高
	高價(고가) : 비싼 값. 高見(고견) : 훌륭한 의견.	
	高 高 高	
冠	갓 관	冠 冠 冠 冠 冠 冠 冠 冠 冠
	衣冠(의관) : 웃옷과 관.	
	冠 冠 冠	
陪	모실 배	陪 陪 陪 陪 陪 陪 陪 陪 陪 陪 陪
	陪審(배심) : 배심원이 심리나 기소에 참가하는 일.	
	陪 陪 陪	
輦	손수레 련	輦 輦 輦 輦 輦 輦 輦 輦 輦 輦 輦 輦 輦 輦 輦
	輦輿(연여) : 임금이 타는 수레.	
	輦 輦 輦	

천자문을 소리 내어 읽으며 바르고 예쁘게 써 보세요.

고	관	배	련	高	冠	陪	輦

구곡진영 驅轂振纓

월 일

말을 몰아 수레가 달리면 갓끈이 휘날렸다.
임금이 행차할 때마다 호위하는 행렬로 인해
화려한 장관이 펼쳐졌다.

驅 몰 구

驅使(구사) : 사람이나 동물을 몰아서 부림. 驅步(구보) : 달음박질.

轂 바퀴통 곡

轂轉(곡전) : 수레의 바퀴통처럼 돎.

振 떨칠 진

振幅(진폭) : 진동하는 폭. 不振(부진) : 세력이 떨치지 못함.

纓 갓끈 영

纓冠(영관) : 갓끈을 맴. 纓紳(영신) : 갓끈과 띠.

천자문을 소리 내어 읽으며 바르고 예쁘게 써 보세요.

구	곡	진	영	驅	轂	振	纓

세록치부 世祿侈富

월 일

신하들은 녹봉을 받아 대대로 사치하며
부귀를 누렸다. 나라에서 주는 녹봉이 많아서,
벼슬아치들은 자손들까지 풍족하게 지냈다.

世

인간 **세**

世界(세계) : 인류 사회 전체. 世孫(세손) : 임금의 맏손자.

世 世 世

祿

녹 **록**

祿俸(녹봉) : 옛날 나라에서 벼슬아치에게 주던 곡식·돈 따위의 총칭.

祿 祿 祿

侈

사치할 **치**

奢侈(사치) : 필요 이상으로 돈이나 물건을 씀.

侈 侈 侈

富

부유할 **부**

富强(부강) : 나라가 부유하고 강함. 致富(치부) : 부자가 될 정도의 재물을 모음.

富 富 富

천자문을 소리 내어 읽으며 바르고 예쁘게 써 보세요.

세	록	치	부	世	祿	侈	富

거가비경 車駕肥輕

월 일

말은 잘 먹어 살찌고 수레는 가볍고 날렵했다.
왕의 권력이 크고 강할 때에는
신하들도 함께 부귀영화를 누릴 수 있었다.

車	수레 거/차	車馬(거마) : 수레와 말. 車駕(거가) : 임금이 타는 수레.
駕	멍에 가	駕轎(가교) : 임금이 타는 가마. 駕洛國(가락국) : 가야.
肥	살찔 비	肥大(비대) : 살이 쪄서 몸이 크고 뚱뚱함.
輕	가벼울 경	輕蔑(경멸) : 깔보고 업신여김. 輕重(경중) : 가벼움과 무거움.

천자문을 소리 내어 읽으며 바르고 예쁘게 써 보세요.

거	가	비	경	車	駕	肥	輕

책공무실 策功茂實

월 일

계책을 세워서 공을 이루어 내면
공적이 쌓여 세력이 크고 무성해졌다.
뛰어난 신하는 나라를 부강하게 만들었다.

한자	훈음	필순
策	대쪽/계책 책	策 策 策 策 策 策 策 策 策 策 策 策
	策動(책동) : 꾀를 부려서 남몰래 행동함. 上策(상책) : 가장 좋은 계책.	
	策 策 策	
功	공 공	功 功 功 功 功
	功勞(공로) : 일에 애쓴 공적. 功過(공과) : 공로와 과오.	
	功 功 功	
茂	무성할 무	茂 茂 茂 茂 茂 茂 茂 茂 茂
	茂盛(무성) : 풀이나 나무가 우거짐. 茂林(무림) : 나무가 무성한 숲.	
	茂 茂 茂	
實	열매 실	實 實 實 實 實 實 實 實 實 實 實 實 實 實
	實費(실비) : 실지로 드는 비용. 口實(구실) : 핑계.	
	實 實 實	

천자문을 소리 내어 읽으며 바르고 예쁘게 써 보세요.

책	공	무	실	策	功	茂	實

늑비각명 勒碑刻銘

월 일

나라에 공을 세운 신하는
비석을 세워 그 이름과 업적을 새겼다.
죽어서도 후세에 모범으로 남기도록 했던 것이다.

勒

굴레/새길 륵

勒碑(늑비) : 비석에 글자를 새김. 勒石(늑석) : 돌에 글자를 새김.

勒 勒 勒

碑

비석 비

碑銘(비명) : 비석에 새긴 글. 口碑(구비) : 대대로 전하여 내려오는 말.

碑 碑 碑

刻

새길 각

刻苦(각고) : 몹시 애씀. 時刻(시각) : 시간의 어느 한 시점.

刻 刻 刻

銘

새길 명

銘心(명심) : 잊지 않게 마음에 깊이 새김.

銘 銘 銘

천자문을 소리 내어 읽으며 바르고 예쁘게 써 보세요.

늑	비	각	명	勒	碑	刻	銘

반계이윤 磻溪伊尹

월 일

주나라의 문왕이 반계강의 강태공을 등용했고,
은나라 탕왕이 이윤을 맞이하여
신하로 삼았다.

한자	훈음	쓰는 순서
磻	강 이름 **반**	磻溪(반계) : 위수로 흘러가는 섬서성에 있는 강. 강태공이 낚시질을 하던 곳.
溪	시내 **계**	溪谷(계곡) : 개울이 흐르는 골짜기. 碧溪(벽계) : 물빛이 푸르게 보이는 맑은 시내.
伊	저 **이**	伊太利(이태리) : 이탈리아의 한자음. 伊時(이시) : 그때.
尹	다스릴 **윤**	京兆尹(경조윤) : 중국 한나라 때에 수도를 지키며 다스리던 벼슬.

磻 磻 磻

溪 溪 溪

伊 伊 伊

尹 尹 尹

천자문을 소리 내어 읽으며 바르고 예쁘게 써 보세요.

반	계	이	윤	磻	溪	伊	尹

좌시아형 佐時阿衡

월 일

두 사람은 때를 알고 어지러운 세상을 구하여
나라의 아형(재상, 벼슬 이름)이 되었다.
강태공과 이윤은 혁명을 주도해 새 나라를 일으켰다.

佐	도울 좌	佐 佐 佐 佐 佐 佐 佐
	補佐(보좌) : 자기보다 지위가 높은 사람의 일을 도와줌.	
	佐 佐 佐	
時	때 시	時 時 時 時 時 時 時 時 時 時
	時局(시국) : 당면한 국내 및 국제 정세. 時速(시속) : 한 시간에 달리는 속도.	
	時 時 時	
阿	언덕 아	阿 阿 阿 阿 阿 阿 阿 阿
	阿附(아부) : 비위를 맞추고 알랑거림. 阿兄(아형) : 형을 친밀하게 부르는 말.	
	阿 阿 阿	
衡	저울대 형	衡 衡 衡 衡 衡 衡 衡 衡 衡 衡 衡 衡 衡 衡 衡 衡
	均衡(균형) : 어느 쪽도 치우침이 없이 고름.	
	衡 衡 衡	

천자문을 소리 내어 읽으며 바르고 예쁘게 써 보세요.

좌	시	아	형	佐	時	阿	衡

엄택곡부 奄宅曲阜

월 일

문득 곡부 땅에 대저택이 들어섰다.
주나라를 튼튼히 하는 데 공을 세운 주공(周公)은
왕에게 곡부를 선물로 받아 궁을 지었다.

奄	문득 엄	奄 奄 奄 奄 奄 奄 奄 奄
	奄忽(엄홀) : 문득, 갑자기.	
	奄 奄 奄	
宅	집 택	宅 宅 宅 宅 宅 宅
	宅配(택배) : 집에 배달함.	
	宅 宅 宅	
曲	굽을 곡	曲 曲 曲 曲 曲 曲
	曲線(곡선) : 구부러진 선. 曲折(곡절) : 구부러지고 꺾임.	
	曲 曲 曲	
阜	언덕 부	阜 阜 阜 阜 阜 阜 阜 阜
	丘阜(구부) : 언덕.	
	阜 阜 阜	

천자문을 소리 내어 읽으며 바르고 예쁘게 써 보세요.

엄	택	곡	부	奄	宅	曲	阜

미단숙영 微旦孰營

월 일

단이 아니면 누가 그곳을 경영했겠는가?
주공의 이름이 '단'이다. 주공은 곡부를 도읍으로 삼아 노나라를 세워 다스렸다.

微 작을 미

微力(미력) : 작은 힘. 微笑(미소) : 소리를 내지 아니하고 가볍게 웃음.

旦 아침 단

元旦(원단) : 설날 아침. 旦暮(단모) : 아침과 저녁.

孰 누구 숙

孰若(숙약) : 양쪽을 비교해서 의문을 나타낼 때 쓰는 말.

營 경영할 영

營利(영리) : 재산상의 이익을 도모함. 兵營(병영) : 군대가 들어가 거처하는 곳.

천자문을 소리 내어 읽으며 바르고 예쁘게 써 보세요.

미	단	숙	영	微	旦	孰	營

환공광합 桓公匡合

월 일

환공은 천하를 바로잡고자 제후들을 모았다.
제나라의 군주 환공은 질서를 어지럽히는 나라를
치기 위하여 다른 나라의 제후들을 불러 뜻을 모았다.

桓	굳셀 환
	桓桓(환환) : 굳센 모양. 盤桓(반환) : 머뭇거려 멀리 떠나지 않음.
公	공평할 공
	公益(공익) : 공공의 이익. 公正(공정) : 공평하고 올바름.
匡	바를/바로잡을 광
	匡正(광정) : 바로잡아 고침.
合	합할 합
	合計(합계) : 합하여 셈함. 合理(합리) : 이론·이치·실제의 형편에 맞음.

천자문을 소리 내어 읽으며 바르고 예쁘게 써 보세요.

환	공	광	합	桓	公	匡	合

제약부경 濟弱扶傾

월 일

약한 나라를 도와주고 기우는 나라를 붙들어 주었다.
환공은 주변의 나라와 협력하여 불안정한 세상을
안정시키고 백성을 위한 정치를 펼쳤다.

濟	건널/도울 제	濟世(제세) : 세상의 폐해를 없애고 사람을 고난에서 건져 줌.
弱	약할 약	弱冠(약관) : 20세의 남자. 老弱(노약) : 늙은이와 젊은이.
扶	도울 부	扶養(부양) : 생활 능력이 없는 가족을 먹이고 입힘. 扶助(부조) : 도와줌.
傾	기울 경	傾斜(경사) : 비스듬히 기울어짐.

천자문을 소리 내어 읽으며 바르고 예쁘게 써 보세요.

제	약	부	경	濟	弱	扶	傾

기회한혜 綺回漢惠

월 일

기리계(綺里季)는 한나라 혜제의 지위를 회복시켰다.
기리계를 비롯한 네 명의 학자는, 한나라 고조가
태자 혜제를 폐위하려고 하자 적극 반대했다.

綺	비단 **기**	綺 綺 綺 綺 綺 綺 綺 綺 綺 綺 綺 綺 綺 綺
	綺語(기어) : 교묘하게 꾸며 대는 말. 綺窓(기창) : 비단으로 꾸민 창.	
	綺 綺 綺	
回	돌아올 **회**	回 回 回 回 回 回
	回顧(회고) : 돌아봄. 回附(회부) : 돌려보내거나 넘김.	
	回 回 回	
漢	한나라 **한**	漢 漢 漢 漢 漢 漢 漢 漢 漢 漢 漢 漢 漢 漢
	漢方(한방) : 중국에서 전해 온 의술. 漢詩(한시) : 한자로 된 시.	
	漢 漢 漢	
惠	은혜 **혜**	惠 惠 惠 惠 惠 惠 惠 惠 惠 惠 惠 惠
	惠澤(혜택) : 은혜와 덕택. 惠政(혜정) : 인자한 정치.	
	惠 惠 惠	

천자문을 소리 내어 읽으며 바르고 예쁘게 써 보세요.

기	회	한	혜	綺	回	漢	惠

열감무정 說感武丁

월 일

부열(傅說)은 꿈에 나타나 무정을 감동시켰다.
무정은 은나라의 고종을 말한다. 고종은 꿈에서 본
부열을 수소문해 나라의 제상으로 삼았다.

說	기뻐할 열/말씀 설
	說樂(열락) : 기쁘고 즐거움. 說明(설명) : 풀이하여 밝힘.
感	느낄 감
	感激(감격) : 느껴서 마음이 몹시 움직임. 感謝(감사) : 고맙게 여김.
武	무사 무
	武器(무기) : 전쟁에 쓰는 기구. 武勇(무용) : 굳세고 용감함.
丁	장정 정
	兵丁(병정) : 군인. 園丁(원정) : 정원을 맡아 보살피는 사람.

천자문을 소리 내어 읽으며 바르고 예쁘게 써 보세요.

열	감	무	정	說	感	武	丁

준예밀물 俊乂密勿

월 일

탁월하고 어진 인재들이 빽빽이 모여 일했다.
강태공, 이윤, 주공, 환공, 기리계, 부열 같은 인재들이
함께했기에 긴 역사를 이어올 수 있었다.

한자	뜻과 음 / 필순
俊	준걸 준 — 俊 俊 俊 俊 俊 俊 俊 俊 俊
	俊秀(준수) : 재주·슬기·풍채가 남달리 빼어남. 英俊(영준) : 영민하고 준수함.
	俊 俊 俊
乂	벨/다스릴 예 — 乂 乂
	乂安(예안) : 평안하게 다스려짐. 俊乂(준예) : 매우 훌륭한 인재를 이르는 말.
	乂 乂 乂
密	빽빽할 밀 — 密 密 密 密 密 密 密 密 密 密 密
	密封(밀봉) : 단단히 봉함. 稠密(조밀) : 매우 촘촘하고 빽빽함.
	密 密 密
勿	말 물 — 勿 勿 勿 勿
	勿論(물론) : 말할 것도 없음.
	勿 勿 勿

천자문을 소리 내어 읽으며 바르고 예쁘게 써 보세요.

준	예	밀	물	俊	乂	密	勿

다사식녕 多士寔寧

월 일

훌륭한 선비가 많아 나라가 평안했다.
통치자들을 도와주는 뛰어난 관리들이 많아
나라가 번성했다.

多	많을 **다**	多 多 多 多 多 多
	多寡(다과) : 많음과 적음. 多忙(다망) : 매우 바쁨.	
士	선비 **사**	士 士 士
	士氣(사기) : 굴하지 않는 씩씩한 기세. 軍士(군사) : 병사.	
寔	이 **식**	寔 寔 寔 寔 寔 寔 寔 寔 寔 寔 寔 寔
	관형사로 독립적인 쓰임은 없다. 여기서는 '참으로', '진실로'의 의미.	
寧	편안할 **녕**	寧 寧 寧 寧 寧 寧 寧 寧 寧 寧 寧 寧 寧 寧
	寧日(영일) : 편안한 날. 康寧(강녕) : 건강하고 편안함.	

천자문을 소리 내어 읽으며 바르고 예쁘게 써 보세요.

다	사	식	녕	多	士	寔	寧

진초갱패 晉楚更霸

월 일

진나라와 초나라가 번갈아 으뜸이 되었으니,
진나라의 문공과 초나라의 장왕이
어진 정치를 펼친 덕분이었다.

한자	뜻과 음	낱말
晉	진나라 **진**	晉秩(진질) : 직품 또는 관직 이름.
楚	초나라 **초**	楚歌(초가) : 초나라의 노래.
更	다시/번갈아 **갱**	更生(갱생) : 죽을 지경에서 다시 살아남.
霸	으뜸 **패**	霸權(패권) : 으뜸의 자리를 차지하는 권리. 制霸(제패) : 패권을 잡음.

천자문을 소리 내어 읽으며 바르고 예쁘게 써 보세요.

진	초	갱	패	晉	楚	更	霸

조위곤횡 趙魏困橫

월 일

조나라와 위나라는 연횡책 때문에 곤란해졌다.
장의가 여섯 나라를 동서(가로)로 연결하여
진나라를 섬겨야 한다고 주장했던 것이다.

趙

나라 이름 **조**

趙光祖(조광조) : 조선 시대의 학자. 趙岐(조기) : 중국 후한 시대의 학자.

趙 趙 趙

魏

나라 이름 **위**

魏志(위지) : 중국 삼국 시대 때 위나라의 역사책.

魏 魏 魏

困

곤할 **곤**

困窮(곤궁) : 가난하고 곤란함. 貧困(빈곤) : 가난하여 살기가 어려움.

困 困 困

橫

가로 **횡**

橫斷(횡단) : 가로 지나감. 橫步(횡보) : 모로 걷는 걸음.

橫 橫 橫

천자문을 소리 내어 읽으며 바르고 예쁘게 써 보세요.

조	위	곤	횡	趙	魏	困	橫

가도멸괵 假途滅虢

월 일

거짓으로 길을 빌려 괵나라를 멸망시켰다.
진나라 헌공은 우나라에게 길을 빌려 괵나라로
쳐들어갔지만, 돌아오는 길에 되레 우나라마저 쳤다.

假	거짓 가	假裝(가장) : 거짓 꾸밈. 假稱(가칭) : 임시로 일컬음.
途	길 도	途中(도중) : 길을 가고 있는 동안. 前途(전도) : 앞으로 갈 길.
滅	다할 멸	滅亡(멸망) : 망하여 없어짐. 消滅(소멸) : 사라져 없어지거나 없앰.
虢	범 발톱 자국 괵	虢國夫人(괵국부인) : 양귀비의 언니, 화장을 하지 않은 미모의 얼굴로 천자를 뵈었다 함.

천자문을 소리 내어 읽으며 바르고 예쁘게 써 보세요.

가	도	멸	괵	假	途	滅	虢

천토회맹 踐土會盟

월 일

제후들을 천토로 불러 모아 맹세했다.
진나라 문공은 제후들을 천토에 모아 놓고
'주나라 천자를 섬기겠다.'는 맹세를 강요했다.

踐	밟을 천	踐 踐 踐 踐 踐 踐 踐 踐 踐 踐 踐 踐 踐 踐 踐
		踐極(천극) : 임금의 자리를 이음. 實踐(실천) : 실제로 행함.
		踐 踐 踐
土	흙 토	土 土 土
		土窟(토굴) : 땅속으로 파낸 굴. 國土(국토) : 국가의 영토.
		土 土 土
會	모일 회	會 會 會 會 會 會 會 會 會 會 會 會 會
		會社(회사) : 영리 행위를 목적으로 설립된 사단 법인.
		會 會 會
盟	맹세 맹	盟 盟 盟 盟 盟 盟 盟 盟 盟 盟 盟 盟 盟
		盟誓(맹서) : 장래를 두고 다짐하여 약속함.
		盟 盟 盟

천자문을 소리 내어 읽으며 바르고 예쁘게 써 보세요.

천	토	회	맹	踐	土	會	盟

하준약법 何遵約法

월 일

소하(何)는 간략한 법을 만들어 지키게 하였다.
소하는 한나라 고조의 책사로, 법을 간소화하고
최소화하여 백성의 생활을 안정시켰다.

한자	훈음	낱말
何	어찌 **하**	何時(하시) : 어느 때. 언제. 何如間(하여간) : 어찌하든지 간에. 어쨌든.
遵	좇을 **준**	遵守(준수): 법령을 좇음. 遵行(준행) : 그대로 따라 행함.
約	맺을 **약**	約婚(약혼) : 결혼하기로 약속함.
法	법 **법**	法度(법도) : 본보기가 될 만한 태도. 說法(설법) : 불법을 풀어 밝힘.

何 何 何

遵 遵 遵

約 約 約

法 法 法

천자문을 소리 내어 읽으며 바르고 예쁘게 써 보세요.

하	준	약	법	何	遵	約	法

한폐번형 韓弊煩刑

월 일

한비자(韓)는 번거로운 형벌로 폐단을 만들었다.
한비자는 강력한 법으로 나라를 통치해야 한다고
주장했지만, 그로 인해 백성들의 삶이 고단해졌다.

韓	나라 **한**	韓 韓 韓 韓 韓 韓 韓 韓 韓 韓 韓 韓 韓 韓 韓 韓 韓
	韓人(한인) : 한국 사람. 韓藥(한약) : 한방에서 쓰는 약.	
	韓 韓 韓	
弊	폐단 **폐**	弊 弊 弊 弊 弊 弊 弊 弊 弊 弊 弊 弊 弊 弊
	弊端(폐단) : 해롭고 번거로운 일. 疲弊(피폐) : 지치고 쇠약해짐.	
	弊 弊 弊	
煩	번거로울 **번**	煩 煩 煩 煩 煩 煩 煩 煩 煩 煩 煩 煩 煩
	煩惱(번뇌) : 마음이 시달려서 괴로움. 煩雜(번잡) : 번거롭고 답답함.	
	煩 煩 煩	
刑	형벌 **형**	刑 刑 刑 刑 刑 刑
	刑法(형법) : 범죄와 형벌에 관한 법. 刑事(형사) : 형법의 적용을 받는 사건.	
	刑 刑 刑	

천자문을 소리 내어 읽으며 바르고 예쁘게 써 보세요.

한	폐	번	형	韓	弊	煩	刑

기전파목 起翦頗牧

월 일

백기(起)와 왕전(翦), 염파(頗)와 이목(牧).
백기와 왕전은 중국을 통일한 진나라 시황제의 장수,
염파와 이목은 끝까지 진나라에 항전한 조나라 장수다.

起	일어날 기	起 起 起 起 起 起 起 起 起 起
	起草(기초) : 글의 초안을 잡음. 再起(재기) : 다시 일어남.	
	起 起 起	
翦	자를 전	翦 翦 翦 翦 翦 翦 翦 翦 翦 翦 翦 翦 翦 翦 翦
	翦斷(전단) : 끊음. 翦伐(전벌) : 나무를 벰.	
	翦 翦 翦	
頗	자못 파	頗 頗 頗 頗 頗 頗 頗 頗 頗 頗 頗 頗 頗 頗
	頗多(파다) : 자못 많음. 偏頗(편파) : 공정하지 못하고 한쪽으로 치우침.	
	頗 頗 頗	
牧	칠 목	牧 牧 牧 牧 牧 牧 牧 牧
	牧童(목동) : 풀을 뜯기어 가축을 치는 아이. 牧畜(목축) : 가축을 기르는 일.	
	牧 牧 牧	

천자문을 소리 내어 읽으며 바르고 예쁘게 써 보세요.

기	전	파	목	起	翦	頗	牧

용군최정 用軍最精

월 일

이들 네 장수는 군사를 부리는 데 있어서
누구보다 치밀하고 능란했다.

用	쓸 **용**	用 用 用 用 用
	用途(용도) : 쓰이는 곳. 公用(공용) : 공적 목적에 사용함.	
	用 用 用	
軍	군사 **군**	軍 軍 軍 軍 軍 軍 軍 軍 軍
	軍備(군비) : 국방상의 군사 설비. 軍樂(군악) : 군대에서 쓰이는 음악.	
	軍 軍 軍	
最	가장 **최**	最 最 最 最 最 最 最 最 最 最 最 最
	最大(최대) : 가장 큼. 最善(최선) : 가장 좋음.	
	最 最 最	
精	정할 **정**	精 精 精 精 精 精 精 精 精 精 精 精 精 精
	精潔(정결) : 깨끗하고 조촐함. 精通(정통) : 깊고 자세히 앎.	
	精 精 精	

천자문을 소리 내어 읽으며 바르고 예쁘게 써 보세요.

용	군	최	정	用	軍	最	精

선위사막 宣威沙漠

월 일

그 위엄이 멀리 사막에까지 전해졌다.
백기, 왕전, 염파, 이목 같은 훌륭한 장수의 이름을
변방 끝에 있는 지역에까지 드날리게 하였던 것이다.

宣	베풀/떨칠 선	宣 宣 宣 宣 宣 宣 宣 宣 宣
	宣言(선언) : 일반 사람한테 밝혀 말함. 宣布(선포) : 세상에 널리 알림.	
	宣 宣 宣	
威	위엄 위	威 威 威 威 威 威 威 威 威
	威信(위신) : 위엄과 신의. 威脅(위협) : 으르고 협박함.	
	威 威 威	
沙	모래 사	沙 沙 沙 沙 沙 沙 沙
	沙漠(사막) : 생물이 거의 자라지 못하는 모래와 자갈로 된 땅.	
	沙 沙 沙	
漠	사막 막	漠 漠 漠 漠 漠 漠 漠 漠 漠 漠 漠 漠 漠 漠
	漠然(막연) : 아득함. 漠漠(막막) : 넓고 아득함.	
	漠 漠 漠	

천자문을 소리 내어 읽으며 바르고 예쁘게 써 보세요.

선	위	사	막	宣	威	沙	漠

치예단청 馳譽丹青

월 일

공을 세우면 얼굴을 그려 그 명예를 널리 알렸다.
한나라의 선제 임금은 공신들의 명예가 길이 빛나도록
기린각을 세워 초상화를 그려 놓게 하였다.

馳	달릴 **치**
	馳突(치돌) : 힘차게 돌진함. 驅馳(구치) : 말이나 수레 따위를 빨리 몰아 달림.
譽	기릴 **예**
	榮譽(영예) : 빛나는 명예. 名譽(명예) : 세상에서 훌륭하다고 일컬어지는 이름.
丹	붉을 **단**
	丹心(단심) : 속에서 우러나오는 정성스러운 마음. 丹青(단청) : 옛날식 집에 그려 넣은 그림이나 무늬.
青	푸를 **청**
	青雲(청운) : 푸른 구름. 높은 이상이나 벼슬. 青春(청춘) : 스무 살 안팎의 젊은이.

천자문을 소리 내어 읽으며 바르고 예쁘게 써 보세요.

치	예	단	청	馳	譽	丹	青

구주우적 九州禹跡

월 일

9주는 하우씨(하나라의 우임금)의 발자취이다.
하우씨는 산을 다니며 나무를 베어 지역을 구분했다.
기주·연주·청주·서주·양주·예주·형주·옹주·동주가 9주이다.

九	아홉 구	九 九
	九重(구중) : 여러 겹. 九牛一毛(구우일모) : 많은 가운데서 아주 적은 것.	
	九 九 九	
州	고을 주	州 州 州 州 州 州
	州郡(주군) : 주와 군의 뜻으로, 지방을 일컬음.	
	州 州 州	
禹	하우씨 우	禹 禹 禹 禹 禹 禹 禹 禹 禹
	禹王(우왕) : 중국 고대의 제왕. 禹域(우역) : 중국 본토를 다르게 부르는 말.	
	禹 禹 禹	
跡	발자취 적	跡 跡 跡 跡 跡 跡 跡 跡 跡 跡 跡 跡 跡
	人跡(인적) : 사람의 발자취. 追跡(추적) : 뒤를 밟아 좇음.	
	跡 跡 跡	

천자문을 소리 내어 읽으며 바르고 예쁘게 써 보세요.

구	주	우	적	九	州	禹	跡

백군진병 百郡秦幷

월 일

모든 군(100군)은 진나라가 아울러 합친 것이다.
하나라 우임금이 나라의 국경을 나눴고,
진나라 시황제가 나라의 통치 기틀을 마련했다.

百	일백 **백**	百 百 百 百 百 百
	百穀(백곡) : 여러 가지 곡식. 百姓(백성) : 일반 국민.	
	百 百 百	
郡	고을 **군**	郡 郡 郡 郡 郡 郡 郡 郡 郡 郡
	郡民(군민) : 고을에 사는 사람들. 隣郡(인군) : 이웃 고을.	
	郡 郡 郡	
秦	나라 이름 **진**	秦 秦 秦 秦 秦 秦 秦 秦 秦 秦
	秦晋(진진) : 중국 춘추 시대의 '진(秦), 진(晋)' 두 나라.	
	秦 秦 秦	
幷	아우를 **병**	幷 幷 幷 幷 幷 幷 幷 幷
	幷合(병합) : 합하여 하나로 함. 幷呑(병탄) : 아울러 삼킴.	
	幷 幷 幷	

천자문을 소리 내어 읽으며 바르고 예쁘게 써 보세요.

백	군	진	병	百	郡	秦	幷

악종항대 嶽宗恒岱

월 일

큰 산은 동쪽의 태산, 서쪽의 화산,
남쪽의 형산, 북쪽의 항산, 중앙의 숭산이 있으니,
그중에 항산(恒)과 태산(岱)이 으뜸이었다.

嶽	큰 산 **악**
	山嶽(산악) : 높고 큰 산들.
宗	마루/으뜸 **종**
	宗廟(종묘) : 임금의 조상을 모시는 사당.
恒	항상 **항**
	恒久(항구) : 바뀌지 않고 오래감. 恒心(항심) : 언제나 지니고 있는 떳떳한 마음.
岱	대산 **대**
	岱山(대산) : 중국 오악(五嶽)의 하나, 태산(泰山)의 다른 이름.

천자문을 소리 내어 읽으며 바르고 예쁘게 써 보세요.

악	종	항	대	嶽	宗	恒	岱

선주운정 禪主云亭

월 일

나라의 제사는 태산에 있는 운운(云)과 정정(亭) 봉우리에서 주관했다. 임금은 12년마다 나라를 두루 살피고, 태산에 올라 하늘과 땅의 신에게 제사를 올렸다.

禪	선 선	禪 禪 禪 禪 禪 禪 禪 禪 禪 禪 禪 禪 禪 禪 禪 禪 禪
	禪位(선위) : 임금이 왕위를 물려줌. 參禪(참선) : 선도에 들어가 수행함.	
主	임금 주	主 主 主 主 主
	自主(자주) : 남의 힘을 빌리거나 간섭을 받지 아니함.	
云	이를 운	云 云 云 云
	云云(운운) : 이러이러하다고 말함. 云謂(운위) : 일러 말함.	
亭	정자 정	亭 亭 亭 亭 亭 亭 亭 亭 亭
	亭子(정자) : 경치가 좋은 곳에 놀거나 쉬기 위하여 지은 집.	

천자문을 소리 내어 읽으며 바르고 예쁘게 써 보세요.

선	주	운	정	禪	主	云	亭

안문자새 雁門紫塞

월 일

기러기가 넘나드는 북쪽의 높고 험한 관문인
안문과, 많은 백성이 피 흘려 쌓은 보랏빛 요새
만리장성은 북방의 오랑캐를 막았다.

雁	기러기 안
	雁行(안행) : 기러기가 줄지어 남. 孤雁(고안) : 외로운 기러기.
門	문 문
	門下(문하) : 스승이 가르치는 마당. 同門(동문) : 한 스승의 문하생.
紫	자줏빛 자
	紫外線(자외선) : 태양 광선의 스펙트럼을 통해 볼 때 자주색 밖에 있는 복사선.
塞	변방 새
	要塞(요새) : 국방상 중요한 지점에 구축하여 놓은 튼튼한 군사적 방어 시설.

천자문을 소리 내어 읽으며 바르고 예쁘게 써 보세요.

안	문	자	새	雁	門	紫	塞

계전적성 鷄田赤城

월 일

암탉 꿈을 꾸고 왕이 된 주나라 문왕이 처음 제사를 지냈다는 계전, 치우천왕이 살았다고 전해지는 적성은 북쪽의 오랑캐로부터 나라를 지키는 요충지였다.

鷄	닭 계	鷄 鷄 鷄 鷄 鷄 鷄 鷄 鷄 鷄 鷄 鷄 鷄 鷄 鷄 鷄 鷄 鷄 鷄
		鷄冠(계관) : 닭의 볏. 鷄口(계구) : 닭의 입.
		鷄 鷄 鷄
田	밭 전	田 田 田 田 田
		田畓(전답) : 논과 밭. 田園(전원) : 논밭과 동산.
		田 田 田
赤	붉을 적	赤 赤 赤 赤 赤 赤 赤
		赤信號(적신호) : 교통 기관의 정지 신호. 赤字(적자) : 지출이 수입보다 많은 일.
		赤 赤 赤
城	재/성 성	城 城 城 城 城 城 城 城 城
		城郭(성곽) : 내성(內城)과 외성(外城) 전부.
		城 城 城

천자문을 소리 내어 읽으며 바르고 예쁘게 써 보세요.

계	전	적	성	鷄	田	赤	城

곤지갈석 昆池碣石

월 일

중국에는 많은 연못과 험준한 산이 있는데,
그중 운남 곤명현에 있는 연못 곤지와
돌이 많은 부평의 갈석산이 유명했다.

昆 — 맏 곤

昆季(곤계) : 형제. 昆蟲(곤충) : 벌레의 총칭.

池 — 못 지

池塘(지당) : 연못. 池魚之殃(지어지앙) : 뜻하지 않은 재앙이나 화재를 이르는 말.

碣 — 비석 갈

墓碣(묘갈) : 묘 앞에 세우는 동그스름한 작은 돌비.

石 — 돌 석

石淸(석청) : 산속의 나무나 돌 사이에 벌이 모아 둔 꿀. 萬石(만석) : 일만 섬.

천자문을 소리 내어 읽으며 바르고 예쁘게 써 보세요.

곤	지	갈	석	昆	池	碣	石

거야동정 鉅野洞庭

월 일

태산 동쪽에 있는 거야는 너른 들판이 펼쳐진 평야,
동정은 호남성에 북쪽에 있는 중국 제일의 호수다.
두 곳이 다 손꼽히는 명소였다.

鉅	클/강할 거	鉅 鉅 鉅 鉅 鉅 鉅 鉅 鉅 鉅 鉅 鉅 鉅 鉅
	鉅萬(거만) : 아주 많은 것. 鉅費(거비) : 많은 비용.	
	鉅 鉅 鉅	
野	들 야	野 野 野 野 野 野 野 野 野 野 野
	野山(야산) : 들 근처의 나지막한 산. 野生(야생) : 산이나 들에서 절로 나고 자람.	
	野 野 野	
洞	골 동	洞 洞 洞 洞 洞 洞 洞 洞 洞
	洞里(동리) : 마을. 洞窟(동굴) : 깊고 넓은 굴.	
	洞 洞 洞	
庭	뜰 정	庭 庭 庭 庭 庭 庭 庭 庭 庭 庭
	庭園(정원) : 집 안의 뜰과 꽃밭. 校庭(교정) : 학교의 마당이나 운동장.	
	庭 庭 庭	

천자문을 소리 내어 읽으며 바르고 예쁘게 써 보세요.

거	야	동	정	鉅	野	洞	庭

광원면막 曠遠綿邈

월 일

북쪽은 갈석과 거야처럼 험준한 산과 광활한 벌판이 넓게 펼쳐졌고, 곤지와 동정처럼 큰 연못과 호수가 잇닿아서 멀리까지 흘렀다.

曠	빌 광
	曠古(광고) : 전례가 없음. 曠年(광년) : 오랜 세월.
遠	멀 원
	遠景(원경) : 멀리서 바라본 경치. 遠征(원정) : 멀리 치러 감.
綿	솜/잇닿을 면
	綿綿(면면) : 오랫동안 계속하여 끊어지지 않는 모양.
邈	멀 막
	邈然(막연) : 아득한 모양.

천자문을 소리 내어 읽으며 바르고 예쁘게 써 보세요.

광 원 면 막 曠 遠 綿 邈

암수묘명 巖峀杳冥

월 일

산과 벌판은 험하여 큰 바위와 산굴이 많았고,
연못과 호수는 아득히 깊어 물빛이 어두웠다.

巖	바위 암	巖 巖 巖 巖 巖 巖 巖 巖 巖 巖 巖 巖 巖 巖 巖 巖 巖 巖
	巖窟(암굴) : 바위에 뚫린 굴. 巖壁(암벽) : 깎아지른 듯이 험하게 솟은 바위.	
	巖 巖 巖	
峀	산굴 수	峀 峀 峀 峀 峀 峀 峀 峀
	峀居(수거) : 산의 동굴에서 삶. 峀室(수실) : 산의 동굴 속의 방.	
	峀 峀 峀	
杳	아득할 묘	杳 杳 杳 杳 杳 杳 杳 杳
	杳然(묘연) : 소식이 없어 행방을 알 수 없음. 杳冥(묘명) : 아득하고 어두움.	
	杳 杳 杳	
冥	어두울 명	冥 冥 冥 冥 冥 冥 冥 冥 冥 冥
	冥想(명상) : 고요히 눈을 감고 생각함. 冥福(명복) : 죽은 뒤 저승에서 받는 행복.	
	冥 冥 冥	

천자문을 소리 내어 읽으며 바르고 예쁘게 써 보세요.

암	수	묘	명	巖	峀	杳	冥

치본어농 治本於農

월 일

나라를 다스리는 데는 농사를 근본으로 삼았다.
농산물로 세금을 거둬들여야 나라를 안정적으로
운영할 수 있어 농업을 중요하게 여겼던 것이다.

治

다스릴 **치**

治國(치국) : 나라를 다스림. 法治(법치) : 법률에 따라 다스림.

治 治 治

本

근본 **본**

本店(본점) : 영업의 본거지가 되는 점포. 製本(제본) : 책을 매어서 꾸밈.

本 本 本

於

어조사 **어**

於是乎(어시호) : 이에 있어서.

於 於 於

農

농사 **농**

農耕(농경) : 논밭을 갊. 農產物(농산물) : 농사를 지어 생산한 곡식 따위.

農 農 農

천자문을 소리 내어 읽으며 바르고 예쁘게 써 보세요.

치	본	어	농	治	本	於	農

무자가색 務玆稼穡

월 일

그러하여 때를 맞춰 심고 거둘 수 있도록 힘썼다.
수확의 계절이 다가오면, 백성들이 농사일에 전념하도록
전쟁이나 나랏일을 벌이지 않았다.

務	힘쓸 무	務 務 務 務 務 務 務 務 務 務 務
	公務(공무) : 공적인 사무. 義務(의무) : 반드시 실행해야 할 일.	
	務 務 務	
玆	무성할/때 자	玆 玆 玆 玆 玆 玆 玆 玆 玆 玆
	今玆(금자) : 금년. 來玆(내자) : 내년.	
	玆 玆 玆	
稼	심을 가	稼 稼 稼 稼 稼 稼 稼 稼 稼 稼 稼 稼 稼 稼 稼
	稼器(가기) : 농사에 쓰이는 기구.	
	稼 稼 稼	
穡	거둘 색	穡 穡 穡 穡 穡 穡 穡 穡 穡 穡 穡 穡 穡 穡 穡 穡 穡 穡
	稼穡(가색) : 농사. 穡夫(색부) : 농사를 짓는 사람.	
	穡 穡 穡	

천자문을 소리 내어 읽으며 바르고 예쁘게 써 보세요.

무	자	가	색	務	玆	稼	穡

숙재남묘 俶載南畝

월 일

봄이 되면 농부들이 볕이 잘 드는
남쪽 이랑부터 비로소 씨를 뿌렸다.

俶	비로소 **숙**	俶
	俶獻(숙헌) : 처음으로 바침.	
載	실을 **재**	載
	連載(연재) : 신문이나 잡지 따위에, 소설이나 기사 따위를 연속해서 싣는 일.	
南	남녘 **남**	南
	南韓(남한) : 중부 이남의 한국. 南向(남향) : 남쪽을 향함.	
畝	이랑 **묘**	畝
	田畝(전묘) : 밭이랑.	

천자문을 소리 내어 읽으며 바르고 예쁘게 써 보세요.

숙	재	남	묘	俶	載	南	畝

아예서직 我藝黍稷

월 일

나는 기장과 피를 심었다.
농사를 처음 시작했을 때는 어디에서든
잘 자라는 기장을 재배하여 주식으로 삼아야 했다.

我	나 **아** — 我 我 我 我 我 我 我
	我執(아집) : 자기의 의견에만 사로잡혀 그것에만 쏠림.
	我 我 我
藝	재주/심을 **예** — 藝 藝 藝 藝 藝 藝 藝 藝 藝 藝 藝 藝 藝 藝 藝 藝 藝 藝
	藝能(예능) : 재주와 기능. 園藝(원예) : 채소, 과일, 꽃 등을 가꾸는 일.
	藝 藝 藝
黍	기장 **서** — 黍 黍 黍 黍 黍 黍 黍 黍 黍 黍 黍 黍
	黍粟(서속) : 기장과 조. 黍禾(서화) : 기장.
	黍 黍 黍
稷	피 **직** — 稷 稷 稷 稷 稷 稷 稷 稷 稷 稷 稷 稷 稷 稷 稷
	社稷(사직) : 옛날에 제사를 지내던, 토신(土神)인 사(社)와 곡신(穀神)인 직(稷).
	稷 稷 稷

천자문을 소리 내어 읽으며 바르고 예쁘게 써 보세요.

아	예	서	직	我	藝	黍	稷

세숙공신 稅熟貢新

월 일

세금은 익는 곡식으로 냈고,
조상에게 드리는 제사에는 햇곡식을 올렸다.

稅 세금 세

稅金(세금) : 조세로 바치는 돈. 稅收(세수) : 세금 수입.

熟 익을 숙

熟考(숙고) : 충분히 생각함. 能熟(능숙) : 능하고 익숙함.

貢 바칠 공

貢物(공물) : 조정에 바치는 물건. 貢獻(공헌) : 힘을 들여 이바지함.

新 새 신

新聞(신문) : 새로운 소식을 널리 세상에 알리기 위하여 찍어 내는 정기 간행물.

천자문을 소리 내어 읽으며 바르고 예쁘게 써 보세요.

세	숙	공	신	稅	熟	貢	新

권상출척 勸賞黜陟

월 일

나라에서는 힘써 일하도록 상을 주었고,
게으른 자는 내치고 부지런한 자는 지위를 올려 주었다.
성과에 따라 상과 벌로 백성들을 권면했던 것이다.

勸

권할 **권**

勸告(권고) : 타일러 권함. 勸學(권학) : 학문에 힘쓰도록 권하여 장려함.

勸 勸 勸

賞

상줄 **상**

褒賞(포상) : 칭찬하여 상을 줌. 賞春(상춘) : 봄 경치를 구경하여 즐김.

賞 賞 賞

黜

내칠 **출**

黜放(출방) : 물리쳐 내쫓음. 廢黜(폐출) : 벼슬을 떼고 내침.

黜 黜 黜

陟

오를 **척**

進陟(진척) : 일이 진행되어 감.

陟 陟 陟

천자문을 소리 내어 읽으며 바르고 예쁘게 써 보세요.

권	상	출	척	勸	賞	黜	陟

맹가돈소 孟軻敦素

월 일

맹자(孟軻)는 근본을 탄탄하게 세우라 하였다.
힘써 배워서 인의(仁義)로써 인격을 높이고
나라를 다스려야 한다고 주장했던 것이다.

孟	맏 맹	孟 孟 孟 孟 孟 孟 孟 孟
	孟母(맹모) : 맹자의 어머니.	
軻	수레 가	軻 軻 軻 軻 軻 軻 軻 軻 軻 軻 軻 軻
	孟軻(맹가) : 맹자의 이름.	
敦	도타울 돈	敦 敦 敦 敦 敦 敦 敦 敦 敦 敦 敦 敦
	敦篤(돈독) : 인정이 도타움.	
素	본디/근본 소	素 素 素 素 素 素 素 素 素 素
	素服(소복) : 흰옷. 素朴(소박) : 꾸밈이 없이 그대로임.	

천자문을 소리 내어 읽으며 바르고 예쁘게 써 보세요.

맹	가	돈	소	孟	軻	敦	素

사어병직 史魚秉直

월 일

위나라 재상이었던 사어는 강직함을 지켰다.
사어는 임금에게 자신의 죽은 몸을 보내
임금 스스로 잘못을 깨닫게 할 만큼 강직하였다.

史	사관 사	史 史 史 史 史
	史蹟(사적) : 역사적으로 남아 있는 사물의 자취. 史話(사화) : 역사에 관한 이야기.	
	史 史 史	
魚	물고기 어	魚 魚 魚 魚 魚 魚 魚 魚 魚 魚 魚
	魚網(어망) : 물고기를 잡는 그물. 魚肉(어육) : 생선의 고기.	
	魚 魚 魚	
秉	잡을 병	秉 秉 秉 秉 秉 秉 秉 秉
	秉權(병권) : 정권을 잡음. 秉燭(병촉) : 촛불을 밝힘.	
	秉 秉 秉	
直	곧을 직	直 直 直 直 直 直 直 直
	直接(직접) : 중간에 다른 것을 거치지 않고 바로.	
	直 直 直	

천자문을 소리 내어 읽으며 바르고 예쁘게 써 보세요.

사	어	병	직	史	魚	秉	直

서기중용 庶幾中庸

월 일

누구나 중용에 가까워지기를 힘써야 한다.
서기(庶幾)는 '바라다, 바람'을 의미하고, 중용은 한쪽으로 기울지 않고 균형을 잡아야 함을 말한다.

庶	여러 **서**	庶 庶 庶 庶 庶 庶 庶 庶 庶 庶 庶
	庶官(서관) : 모든 관리. 庶民(서민) : 일반 사람들.	
幾	조짐 **기**	幾 幾 幾 幾 幾 幾 幾 幾 幾 幾 幾 幾
	幾何(기하) : 얼마. 幾微(기미) : 낌새.	
中	가운데 **중**	中 中 中 中
	中間(중간) : 가운데, 중앙. 集中(집중) : 한곳을 중심으로 하여 모이거나 모음.	
庸	쓸/떳떳할 **용**	庸 庸 庸 庸 庸 庸 庸 庸 庸 庸 庸
	登庸(등용) : 인재를 골라 뽑아서 씀.	

庶 庶 庶

幾 幾 幾

中 中 中

庸 庸 庸

천자문을 소리 내어 읽으며 바르고 예쁘게 써 보세요.

서	기	중	용	庶	幾	中	庸

노겸근칙 勞謙謹勅

월 일

그러려면 부지런히 일하고 누구에게나 겸손하며,
항상 삼가고 경계하여 조심하여야 한다.

勞	일할 로	勞苦(노고) : 힘들여 애쓰는 수고. 疲勞(피로) : 지침, 고단함.
謙	겸손할 겸	謙遜(겸손) : 남을 높이고 자기를 낮춤.
謹	삼갈 근	謹愼(근신) : 삼가서 언행을 조심함. 謹賀(근하) : 삼가 축하함.
勅	칙서/삼갈 칙	勅令(칙령) : 황제의 명령. 勅書(칙서) : 황제의 명령을 적은 문서.

천자문을 소리 내어 읽으며 바르고 예쁘게 써 보세요.

노	겸	근	칙	勞	謙	謹	勅

영음찰리 聆音察理

월 일

소리를 듣고서 진리를 찾는다.
온 마음을 다해 상대의 말이나 소리에 집중하면,
소리에서 진실을 알아채는 안목이 생긴다.

聆	들을 령	聆音(영음) : 소리를 듣는 일. 聆聆(영령) : 깨닫는 모양.
音	소리 음	音痴(음치) : 목소리의 가락이나 높낮이 등을 분별하지 못하는 상태.
察	살필 찰	觀察(관찰) : 사물을 주의하여 자세히 살핌.
理	다스릴/이치 리	理論(이론) : 경험이나 사회적 실천을 논리적으로 일반화한 체계.

천자문을 소리 내어 읽으며 바르고 예쁘게 써 보세요.

영	음	찰	리	聆	音	察	理

감모변색 鑑貌辨色

월 일

모양을 비춰 보고서 기색을 분별한다.
학문과 마음을 열심히 닦으면, 겉모습만 보고도
상대의 마음이나 형편 등을 꿰뚫어 볼 수 있다.

한자	뜻과 음	낱말
鑑	거울 감	鑑別(감별) : 잘 살피어 분간해 냄. 龜鑑(귀감) : 모범.
貌	모양 모	容貌(용모) : 사람의 얼굴. 貌樣(모양) : 꼴, 모습.
辨	분별할 변	辨明(변명) : 시비를 가려 밝힘. 辨別(변별) : 구별함.
色	빛 색	色彩(색채) : 빛깔. 色盲(색맹) : 빛깔을 구별하지 못하는 시각.

천자문을 소리 내어 읽으며 바르고 예쁘게 써 보세요.

감	모	변	색	鑑	貌	辨	色

이궐가유 貽厥嘉猷

월 일

아름다운 계책으로 선한 영향력을 끼친다.
자손에게 좋은 본보기가 될 수 있도록
나서서 바르고 선한 행동을 해야 한다는 말이다.

貽	끼칠 **이**	貽 貽 貽 貽 貽 貽 貽 貽 貽 貽 貽 貽
	貽謀(이모) : 자손을 위하여 남긴 꾀 혹은 교훈.	
	貽 貽 貽	
厥	그 **궐**	厥 厥 厥 厥 厥 厥 厥 厥 厥 厥 厥 厥
	厥角(궐각) : 머리를 숙이고 절을 함. 厥後(궐후) : 그 이후.	
	厥 厥 厥	
嘉	아름다울 **가**	嘉 嘉 嘉 嘉 嘉 嘉 嘉 嘉 嘉 嘉 嘉 嘉 嘉 嘉
	嘉禮(가례) : 혼례. 嘉尙(가상) : 착하고 기특함.	
	嘉 嘉 嘉	
猷	꾀 **유**	猷 猷 猷 猷 猷 猷 猷 猷 猷 猷 猷 猷 猷
	大猷(대유) : 큰 계획.	
	猷 猷 猷	

천자문을 소리 내어 읽으며 바르고 예쁘게 써 보세요.

이	궐	가	유	貽	厥	嘉	猷

면기지식 勉其祗植

월 일

그 영향이 땅에 바로 뿌리내리도록 힘써라.
본보기만 될 것이 아니라 널리 알려서
선한 영향력이 대대손손 전해지도록 해야 한다.

勉

힘쓸 **면**

勉 勉 勉 勉 勉 勉 勉 勉 勉

勉學(면학) : 학문에 힘씀. 勤勉(근면) : 부지런히 힘씀.

勉 勉 勉

其

그 **기**

其 其 其 其 其 其 其 其

其間(기간) : 그사이.

其 其 其

祗

공경할/바로 **지**

祗 祗 祗 祗 祗 祗 祗 祗 祗 祗

祗敬(지경) : 공경하고 삼감.

祗 祗 祗

植

심을 **식**

植 植 植 植 植 植 植 植 植 植 植 植

植木(식목) : 나무를 심음. 移植(이식) : 나무를 옮겨 심음.

植 植 植

천자문을 소리 내어 읽으며 바르고 예쁘게 써 보세요.

면	기	지	식	勉	其	祗	植

성궁기계 省躬譏誡

월 일

누군가에게 비방 들을 행동을 하지 않았는지,
자신을 살펴서 스스로 꾸짖고 반성해야 한다.

省	살필 **성**	省墓(성묘) : 조상의 산소를 찾아가서 살피어 돌봄.
躬	몸 **궁**	躬行(궁행) : 몸소 행함.
譏	비웃을 **기**	譏弄(기롱) : 희롱함. 譏謗(기방) : 헐뜯음.
誡	경계할 **계**	誡命(계명) : 도덕상·종교상 지킬 규정. 訓誡(훈계) : 타이름.

천자문을 소리 내어 읽으며 바르고 예쁘게 써 보세요.

성	궁	기	계	省	躬	譏	誡

총증항극 寵增抗極

월 일

총애가 더해질수록 경계해라.
윗사람의 사랑을 많이 받으면 교만해져
위험에 빠질 수 있으니 조심해야 한다.

寵	사랑할 총	寵愛(총애) : 특별히 귀엽게 여겨 사랑함. 恩寵(은총) : 특별한 은혜와 사랑.
增	더할 증	增減(증감) : 많아지는 일과 적어지는 일.
抗	겨룰 항	抗拒(항거) : 대항함. 反抗(반항) : 반대하여 버팀.
極	극진할 극	極甚(극심) : 매우 심함. 極口(극구) : 온갖 말로.

천자문을 소리 내어 읽으며 바르고 예쁘게 써 보세요.

총	증	항	극	寵	增	抗	極

태욕근치 殆辱近恥

월 일

교만하여 위태롭고 욕먹을 행동을 하면
머지않아 난처하고 부끄러운 순간이 온다.

殆

위태할 **태**

危殆(위태) : 형세가 매우 어려움.

辱

욕될 **욕**

辱說(욕설) : 남을 욕하는 말. 榮辱(영욕) : 영예와 치욕.

近

가까울 **근**

近視(근시) : 먼 데 것을 잘 못 보는 시력. 近親(근친) : 촌수가 가까운 일가.

恥

부끄러울 **치**

恥辱(치욕) : 부끄럽고 욕됨. 廉恥(염치) : 깨끗하여 부끄러움을 아는 마음.

천자문을 소리 내어 읽으며 바르고 예쁘게 써 보세요.

태	욕	근	치	殆	辱	近	恥

임고행즉 林皐幸卽

월 일

그때는 기회를 보아 물러나서
숲과 냇가로 나아가는 것이 바람직하다.
욕심을 내려놓고 자연과 더불어 사는 것이 행복이다.

林	수풀 림	林 林 林 林 林 林 林 林
	林野(임야) : 나무가 있는 넓은 땅. 山林(산림) : 산과 숲, 또는 산에 있는 수풀.	
	林 林 林	
皐	언덕/못 고	皐 皐 皐 皐 皐 皐 皐 皐 皐 皐 皐
	皐月(고월) : 음력 오월을 달리 이르는 말.	
	皐 皐 皐	
幸	다행 행	幸 幸 幸 幸 幸 幸 幸 幸
	幸運(행운) : 좋은 운수. 徼幸(요행) : 뜻밖의 행운.	
	幸 幸 幸	
卽	곧/나아갈 즉	卽 卽 卽 卽 卽 卽 卽 卽 卽
	卽刻(즉각) : 당장에 곧. 卽位(즉위) : 왕위에 오름.	
	卽 卽 卽	

천자문을 소리 내어 읽으며 바르고 예쁘게 써 보세요.

임	고	행	즉	林	皐	幸	卽

양소견기 兩疏見機

월 일

한나라의 소(疏)광과 소(疏)수는
기회를 제대로 알아보았다.
때를 알고 적절히 처신한 것이다.

兩	두 량	兩 兩 兩 兩 兩 兩 兩 兩
	兩家(양가) : 두 집. 兩班(양반) : 조선 중엽 이후에 세습적 신분을 가진 사람들.	
	兩 兩 兩	
疏	소통할 소	疏 疏 疏 疏 疏 疏 疏 疏 疏 疏 疏 疏
	疏通(소통) : 막히지 아니하고 서로 통함.	
	疏 疏 疏	
見	볼 견	見 見 見 見 見 見 見
	見聞(견문) : 보고 들음. 意見(의견) : 마음속의 느낀 바, 생각.	
	見 見 見	
機	틀/기회 기	機 機 機 機 機 機 機 機 機 機 機 機 機 機 機 機
	機會(기회) : 때. 일을 하기에 가장 적당한 시기.	
	機 機 機	

천자문을 소리 내어 읽으며 바르고 예쁘게 써 보세요.

양	소	견	기	兩	疏	見	機

해조수핍 解組誰逼

월 일

스스로 관모 끈을 푸니 누가 핍박하겠는가.
신하들이 쓰는 관모의 끈을 푼다는 건,
벼슬에서 물러난다는 뜻이다.

解	풀 해	解得(해득) : 깨달아 앎. 和解(화해) : 다툼을 그치고 서로 풂.
組	짤 조	組閣(조각) : 내각을 조직함. 組織(조직) : 짜서 이루는 것.
誰	누구 수	誰何(수하) : 누구.
逼	핍박할 핍	逼迫(핍박) : 억누르고 괴롭히는 것.

천자문을 소리 내어 읽으며 바르고 예쁘게 써 보세요.

해	조	수	핍	解	組	誰	逼

색거한처 索居閑處

월 일

한적한 곳에서 한가로이 살아라.
바쁜 세상에서 빠져나와 자연에 묻혀 지내면
소박하게 사는 기쁨을 찾게 된다.

索	찾을 색	索 索 索 索 索 索 索 索 索 索
	索引(색인) : 찾아냄. 探索(탐색) : 실상을 더듬어서 찾음.	
	索 索 索	
居	살 거	居 居 居 居 居 居 居 居
	居留(거류) : 남의 나라에 머물러 삶. 居處(거처) : 사는 곳.	
	居 居 居	
閑	한가할 한	閑 閑 閑 閑 閑 閑 閑 閑 閑 閑 閑 閑
	閑寂(한적) : 조용하고 쓸쓸함. 等閑(등한) : 마음에 두지 않고 예사로 여김.	
	閑 閑 閑	
處	곳 처	處 處 處 處 處 處 處 處 處 處 處
	處罰(처벌) : 형벌에 처함. 各處(각처) : 여러 곳.	
	處 處 處	

천자문을 소리 내어 읽으며 바르고 예쁘게 써 보세요.

색	거	한	처	索	居	閑	處

침묵적요 沈默寂寥

월 일

가만히 침묵하니 고요하고 쓸쓸하다.
잠잠히 자연을 바라보며 고요하게 지내는 삶의
편안함을 누가 알리.

沈	잠길 **침**	沈 沈 沈 沈 沈 沈 沈
	沈沒(침몰) : 물에 빠져서 가라앉음. 沈默(침묵) : 잠잠하게 아무 말도 하지 않음.	
	沈 沈 沈	
默	잠잠할 **묵**	默 默 默 默 默 默 默 默 默 默 默 默 默 默 默 默
	默認(묵인) : 말 없는 가운데 승인함.	
	默 默 默	
寂	고요할 **적**	寂 寂 寂 寂 寂 寂 寂 寂 寂 寂 寂
	寂寞(적막) : 고요함.	
	寂 寂 寂	
寥	쓸쓸할 **료/요**	寥 寥 寥 寥 寥 寥 寥 寥 寥 寥 寥 寥 寥 寥
	寥闊(요활) : 고요하고 쓸쓸함. 寥寥(요료) : 괴괴하고 쓸쓸함.	
	寥 寥 寥	

천자문을 소리 내어 읽으며 바르고 예쁘게 써 보세요.

침	묵	적	요	沈	默	寂	寥

구고심론 求古尋論

월 일

옛 성현들의 글에서 진리를 구하고,
인간이 마땅히 해야 할 도리를 찾아서
토론하고 연구해라.

求	구할 구	求 求 求 求 求 求 求
	求職(구직) : 직업을 구함. 要求(요구) : 달라고 청함.	
	求 求 求	
古	옛 고	古 古 古 古 古
	古宮(고궁) : 옛 궁궐. 古來(고래) : 예로부터.	
	古 古 古	
尋	찾을 심	尋 尋 尋 尋 尋 尋 尋 尋 尋 尋 尋 尋
	尋訪(심방) : 방문하여 찾아봄.	
	尋 尋 尋	
論	논할 론	論 論 論 論 論 論 論 論 論 論 論 論 論 論 論
	論文(논문) : 의견을 논술하는 글. 論說(논설) : 사물을 평론하고 설명하는 일.	
	論 論 論	

천자문을 소리 내어 읽으며 바르고 예쁘게 써 보세요.

구	고	심	론	求	古	尋	論

산려소요 散慮逍遙

월 일

온갖 생각을 흩어 버리고 한가롭게 지내라.
세상일에 대한 걱정을 훌훌 털어 버리고
마음의 양식을 쌓으며 일상의 기쁨을 누린다.

散	흩을 **산**
	散漫(산만) : 어수선하여 통일성이 없음. 散在(산재) : 여기저기 흩어져 있음.
慮	생각할 **려**
	念慮(염려) : 걱정함. 心慮(심려) : 근심과 걱정.
逍	노닐 **소**
	逍遙(소요) : 산책 삼아 이리저리 자유롭게 거닒.
遙	멀 **요**
	遙遠(요원) : 아득히 먼.

천자문을 소리 내어 읽으며 바르고 예쁘게 써 보세요.

산	려	소	요	散	慮	逍	遙

흔주루견 欣奏累遣

월 일

기쁨은 함께 모으고 근심은 흘려 보내라.
기쁜 일은 주위에 알리고, 속상한 일은
손님을 보내듯 잘 떠나보내야 한다.

欣	기뻐할 흔	欣 欣 欣 欣 欣 欣 欣 欣
	欣然(흔연) : 기뻐하는 모양. 欣快(흔쾌) : 마음이 기쁘고 시원함.	
	欣 欣 欣	
奏	아뢸/모일 주	奏 奏 奏 奏 奏 奏 奏 奏 奏
	奏樂(주악) : 음악을 연주함. 演奏(연주) : 악기로 음악을 들려줌.	
	奏 奏 奏	
累	묶을/허물 루	累 累 累 累 累 累 累 累 累 累 累
	累德(누덕) : 덕에 누가 되는 악행.	
	累 累 累	
遣	보낼 견	遣 遣 遣 遣 遣 遣 遣 遣 遣 遣 遣 遣 遣 遣
	派遣(파견) : 사람을 보냄. 遣奠祭(견전제) : 발인할 때 문 앞에서 지내는 제사.	
	遣 遣 遣	

천자문을 소리 내어 읽으며 바르고 예쁘게 써 보세요.

흔	주	루	견	欣	奏	累	遣

척사환초 慽謝歡招

월 일

근심이 물러나면 즐거움이 손짓하여 부른다.
마음속의 근심을 잘 다독여 떠나보내면,
즐거운 마음이 반기듯 찾아온다.

慽 근심할 척

慽顔(척안) : 근심스러운 얼굴.

慽 慽 慽

謝 사례할/물러갈 사

謝過(사과) : 잘못에 대하여 용서를 빎. 謝意(사의) : 고마워하는 마음.

謝 謝 謝

歡 기쁠 환

歡談(환담) : 정답고 즐겁게 서로 주고받고 이야기함.

歡 歡 歡

招 부를 초

招待(초대) : 손님을 불러서 대접함. 招魂(초혼) : 죽은 사람의 혼을 불러옴.

招 招 招

천자문을 소리 내어 읽으며 바르고 예쁘게 써 보세요.

척	사	환	초	慽	謝	歡	招

거하적력 渠荷的歷

개천에 핀 연꽃은 또렷하고 선명하다.
작은 개울에 연꽃이 피었지만 향기 또한 그윽하여
그 아름다움이 어느 것에도 비길 데가 없다.

渠

개천 **거**

渠 渠 渠 渠 渠 渠 渠 渠 渠 渠 渠 渠

溝渠(구거) : 개골창. 渠水(거수) : 땅을 파서 통하게 한 수로.

渠 渠 渠

荷

멜/연꽃 **하**

荷 荷 荷 荷 荷 荷 荷 荷 荷 荷 荷

荷役(하역) : 짐을 싣고 내리는 일. 負荷(부하) : 짐을 짐.

荷 荷 荷

的

과녁/선명할 **적**

的 的 的 的 的 的 的 的

的中(적중) : 화살이 과녁에 맞음. 的歷(적력) : 또렷하고 선명하다.

的 的 的

歷

지날/뚜렷할 **력**

歷 歷 歷 歷 歷 歷 歷 歷 歷 歷 歷 歷 歷 歷

月曆(월력) : 달력. 歷史(역사) : 인류 사회의 변천과 흥망의 과정, 혹은 그 기록.

歷 歷 歷

천자문을 소리 내어 읽으며 바르고 예쁘게 써 보세요.

거	하	적	력	渠	荷	的	歷

원망추조 園莽抽條

월 일

동산의 풀은 싹이 트고 가지가 뻗어 나간다.
가꾸지 않아도 저절로 나는 풀들은
쑥쑥 자라나 무성해진다.

園	동산 원	公園(공원) : 여러 사람의 보건·휴양·오락을 위하여 마련해 놓은 큰 정원.
莽	풀 망	草莽(초망) : 풀의 떨기, 풀숲.
抽	뽑을/싹틀 추	抽出(추출) : 고체 또는 액체에서 어떤 물질을 뽑아냄.
條	가지 조	條件(조건) : 무슨 일에 규정한 항목.

천자문을 소리 내어 읽으며 바르고 예쁘게 써 보세요.

원	망	추	조	園	莽	抽	條

비파만취 枇杷晩翠

월 일

비파나무는 늦도록 그 빛이 푸르다.
한겨울에도 푸른 비파나무를 보면서, 오래도록
변치 않는 참된 사랑과 기쁨을 바란다.

枇	비파나무 **비**
	枇杷酒(비파주) : 익은 비파를 발효시켜 만든 술.
	枇 枇 枇
杷	비파나무 **파**
	枇杷(비파) : 비파나무.
	杷 杷 杷
晩	늦을 **만**
	晩成(만성) : 늦게야 이룸. 晩鐘(만종) : 저녁때를 알리는 종소리.
	晩 晩 晩
翠	물총새/푸를 **취**
	翠扇(취선) : 푸른색의 부채. 翡翠(비취) : 옥의 한 가지.
	翠 翠 翠

천자문을 소리 내어 읽으며 바르고 예쁘게 써 보세요.

비	파	만	취	枇	杷	晩	翠

오동조조 梧桐早凋

월 일

오동잎은 일찍 시든다.
가을이 오면 먼저 마르는 오동나무 잎사귀를 보며,
시간의 흐름과 세월의 변화를 짐작한다.

梧	오동나무 오	梧 梧 梧 梧 梧 梧 梧 梧 梧 梧 梧
	梧秋(오추) : 오동나무의 잎이 지는 가을이라는 뜻으로, 음력 7월을 이르는 말.	
	梧 梧 梧	
桐	오동나무 동	桐 桐 桐 桐 桐 桐 桐 桐 桐 桐
	桐梓(동재) : 오동나무와 가래나무, 즉 좋은 재목을 일컬음.	
	桐 桐 桐	
早	이를 조	早 早 早 早 早 早
	早晩(조만) : 이름과 늦음. 早熟(조숙) : 일찍 익음.	
	早 早 早	
凋	시들 조	凋 凋 凋 凋 凋 凋 凋 凋 凋 凋
	凋落(조락) : 시들어 떨어짐. 凋殘(조잔) : 시들어 말라붙어 있음.	
	凋 凋 凋	

천자문을 소리 내어 읽으며 바르고 예쁘게 써 보세요.

오	동	조	조	梧	桐	早	凋

진근위예 陳根委翳

월 일

묵은 나무의 뿌리는 말라서 시든다.
가을이 깊어지면 오동나무는 잎뿐 아니라,
나무의 뿌리마저도 서서히 말라서 죽는다.

陳 베풀/묵을 **진**

陳腐(진부) : 케케묵음. 陳久(진구) : 묵고 오래됨.

根 뿌리 **근**

根本(근본) : 사물의 본바탕. 草根(초근) : 풀뿌리.

委 맡길/시들 **위**

委任(위임) : 어떤 일을 책임 지워 맡김. 委囑(위촉) : 부탁하여 맡김.

翳 깃 일산/마를 **예**

翳昧(예매) : 가려서 어두움.

천자문을 소리 내어 읽으며 바르고 예쁘게 써 보세요.

진	근	위	예	陳	根	委	翳

낙엽표요 落葉飄颻

월 일

떨어진 나뭇잎이 바람에 날린다.
뿌리마저 앙상해진 나무에서 나뭇잎이 떨어져
흩날리는 늦가을의 풍경이 쓸쓸하다.

落	떨어질 락	落 落 落 落 落 落 落 落 落 落 落 落 落
	落島(낙도) : 육지에서 멀리 떨어진 섬. 落第(낙제) : 시험에 떨어짐.	
	落 落 落	
葉	잎 엽	葉 葉 葉 葉 葉 葉 葉 葉 葉 葉 葉 葉 葉
	葉錢(엽전) : 옛날 돈. 枝葉(지엽) : 가지와 잎. 중요하지 않은 부분.	
	葉 葉 葉	
飄	회오리바람 표	飄 飄 飄 飄 飄 飄 飄 飄 飄 飄 飄 飄 飄 飄 飄 飄 飄 飄
	飄然(표연) : 바람에 가볍게 나부끼는 모양. 飄泊(표박) : 타향을 떠돌아다님.	
	飄 飄 飄	
颻	흔들릴 요	颻 颻 颻 颻 颻 颻 颻 颻 颻 颻 颻 颻 颻 颻 颻 颻 颻 颻
	颻颻(요요) : 바람에 흔들리는 모양.	
	颻 颻 颻	

천자문을 소리 내어 읽으며 바르고 예쁘게 써 보세요.

낙	엽	표	요	落	葉	飄	颻

유곤독운 遊鯤獨運

월 일

몸집이 수천 미터에 이르는 전설 속의 곤어.
곤어가 물속을 홀로 헤엄쳐 논다.
높이 솟구쳐 오를 준비를 하는 것이다.

遊	놀 유
	遊覽(유람) : 두루 돌아다니며 구경함. 遊興(유흥) : 흥겹게 놂.
鯤	곤이 곤
	鯤鵬(곤붕) : 큰 물고기와 큰 새, 즉 더할 수 없이 큰 것의 비유.
獨	홀로 독
	獨子(독자) : 외아들. 孤獨(고독) : 외로움.
運	옮길 운
	運動(운동) : 몸을 놀리어 움직임. 國運(국운) : 나라의 운수.

천자문을 소리 내어 읽으며 바르고 예쁘게 써 보세요.

유	곤	독	운	遊	鯤	獨	運

능마강소 凌摩絳霄

월 일

곤어가 솟구치듯 뛰어올라,
붉게 물든 하늘을 미끄러지듯 날아간다.
곤어는 한 번 날면 3천 킬로미터를 넘게 간다고 한다.

凌	얼음/침범할 릉
	凌蔑(능멸) : 업신여겨 깔봄. 凌駕(능가) : 무엇에 비교하여 그보다 훨씬 뛰어남.
摩	문지를 마
	摩擦(마찰) : 서로 닿아서 비빔. 摩天(마천) : 하늘에 닿을 듯이 높음.
絳	진홍/붉을 강
	絳裳(강상) : 붉은 치마. 絳雲(강운) : 붉은 구름.
霄	하늘 소
	霄明(소명) : 새벽. 霄壤(소양) : 하늘과 땅.

천자문을 소리 내어 읽으며 바르고 예쁘게 써 보세요.

능 마 강 소 凌 摩 絳 霄

탐독완시 耽讀翫市

월 일

한나라(후한)의 왕충은 시장에 있는 책방에 가서 글 읽으며 노는 것을 즐겼다.

耽	즐길 탐	耽溺(탐닉) : 어떤 일을 몹시 즐겨 거기에 빠짐.
讀	읽을 독	讀書(독서) : 책을 읽음. 讀破(독파) : 끝까지 다 읽음.
翫	희롱할/놀 완	賞翫(상완) : 좋아하여 보고 즐김.
市	저자 시	市街(시가) : 도시의 큰 길거리. 市民(시민) : 도시의 주민.

천자문을 소리 내어 읽으며 바르고 예쁘게 써 보세요.

탐	독	완	시	耽	讀	翫	市

우목낭상 寓目囊箱

월 일

눈여겨본 것은 절대 잊지 않아,
주머니나 상자에 넣어 두는 것 같았다.

寓 — 부칠/붙어살 우

寓話(우화) : 딴 사물에 붙여서 교훈의 뜻을 은연중에 나타내는 이야기.

寓 寓 寓

目 — 눈 목

寓目(우목) : 눈여겨 보거나 주목함. 目錄(목록) : 어떤 물품의 이름을 일정한 순서로 적은 것.

目 目 目

囊 — 주머니 낭

背囊(배낭) : 물건을 담아서 등에 질 수 있도록 만든 주머니.

囊 囊 囊

箱 — 상자 상

箱子(상자) : 물건을 넣어 두기 위하여 나무·대·종이 따위로 만든 손그릇.

箱 箱 箱

천자문을 소리 내어 읽으며 바르고 예쁘게 써 보세요.

우	목	낭	상	寓	目	囊	箱

이유유외 易輶攸畏

월 일

군자는 앞뒤를 생각지 않고
쉽고 가볍게 말하는 것을 두려워한다.
잘못 뱉은 말은 다시 거둬들일 수가 없다.

易	쉬울 **이**	易 易 易 易 易 易 易 易
	簡易(간이) : 간단하고 쉬움.	
	易 易 易	
輶	가벼울 **유**	輶 輶 輶 輶 輶 輶 輶 輶 輶 輶 輶 輶 輶 輶 輶 輶
	輶車(유거) : 가벼운 수레.	
	輶 輶 輶	
攸	바 **유**	攸 攸 攸 攸 攸 攸 攸
	攸司(유사) : 그 관청.	
	攸 攸 攸	
畏	두려워할 **외**	畏 畏 畏 畏 畏 畏 畏 畏 畏
	畏友(외우) : 가장 아껴 존경하는 친구. 畏怖(외포) : 두려워함.	
	畏 畏 畏	

천자문을 소리 내어 읽으며 바르고 예쁘게 써 보세요.

이	유	유	외	易	輶	攸	畏

속이원장 屬耳垣墻

월 일

또한 담장에 귀를 붙여 놓은 듯 남이 귀를 기울이고 있다.
경솔하게 말하지 말아라.

屬	무리/붙일 속
	屬國(속국) : 정치적으로 다른 나라에 매여 있는 나라. 屬性(속성) : 사물의 특징.
耳	귀 이
	耳目(이목) : 귀와 눈. 耳順(이순) : 예순 살.
垣	담 원
	垣墻(원장) : 담장.
墻	담 장
	墻壁(장벽) : 담과 벽. 墻內(장내) : 담 안.

천자문을 소리 내어 읽으며 바르고 예쁘게 써 보세요.

속	이	원	장	屬	耳	垣	墻

구선손반 具膳飡飯

월 일

반찬을 갖추어 밥을 먹는다.
반찬을 곁들여 먹어야
영양분을 고루 섭취할 수 있다.

具	갖출 구	具 具 具 具 具 具 具 具
	具備(구비) : 빠짐없이 갖춤. 器具(기구) : 세간·그릇·도구 등을 통틀어 일컬음.	
	具 具 具	
膳	반찬 선	膳 膳 膳 膳 膳 膳 膳 膳 膳 膳 膳 膳 膳 膳 膳 膳
	膳羞(선수) : 맛좋은 음식. 膳服(선복) : 음식과 의복.	
	膳 膳 膳	
飡	저녁밥 손	飡 飡 飡 飡 飡 飡 飡 飡 飡 飡 飡
	飡饔(손옹) : 저녁밥과 아침밥. 조석의 식사.	
	飡 飡 飡	
飯	밥 반	飯 飯 飯 飯 飯 飯 飯 飯 飯 飯 飯 飯 飯
	飯饌(반찬) : 밥에 곁들여 먹는 여러 가지 음식. 白飯(백반) : 쌀밥.	
	飯 飯 飯	

천자문을 소리 내어 읽으며 바르고 예쁘게 써 보세요.

구	선	손	반	具	膳	飡	飯

적구충장 適口充腸

월 일

훌륭한 음식이 아니라도
입에 맞으면 배를 채울 수 있다.
소박한 밥상이라도 감사하며 먹어야 한다.

適	맞을 적	適 適 適 適 適 適 適 適 適 適 適 適 適 適 適
	適格(적격) : 알맞은 자격. 快適(쾌적) : 심신에 맞아 기분이 썩 좋음.	
	適 適 適	
口	입 구	口 口 口
	食口(식구) : 같은 집에서 끼니를 함께하며 사는 사람. 出口(출구) : 나가는 곳.	
	口 口 口	
充	채울 충	充 充 充 充 充 充
	充當(충당) : 모자라는 것을 채움. 充滿(충만) : 가득 참.	
	充 充 充	
腸	창자 장	腸 腸 腸 腸 腸 腸 腸 腸 腸 腸 腸 腸 腸
	斷腸(단장) : 창자가 끊어지는 듯이 몹시 슬픔. 大腸(대장) : 큰창자.	
	腸 腸 腸	

천자문을 소리 내어 읽으며 바르고 예쁘게 써 보세요.

적	구	충	장	適	口	充	腸

포어팽재 飽飫烹宰

월 일

배가 부르면 고기 반찬도 물려서 싫다.
진수성찬이 눈앞에 있어도
배부르면 더 먹기 싫은 법이다.

飽

배부를 **포**

飽滿(포만) : 많이 먹어서 배가 지나치게 부름. 飽食(포식) : 배불리 먹음.

飫

물릴 **어**

飫聞(어문) : 듣기 싫도록 여러 번 들음.

烹

삶을 **팽**

烹卵(팽란) : 삶은 달걀.

宰

재상/고기 **재**

宰相(재상) : 임금을 돕고 신하들을 지휘, 감독하는 최고의 관직.

천자문을 소리 내어 읽으며 바르고 예쁘게 써 보세요.

포	어	팽	재	飽	飫	烹	宰

기염조강 飢厭糟糠

월 일

배고플 때에는 술지게미나 쌀겨처럼 거칠고
맛없는 음식도 배가 물리도록 배불리 먹는다.

飢	주릴 기	飢 飢 飢 飢 飢 飢 飢 飢 飢 飢 飢
	飢饉(기근) : 굶주림. 飢寒(기한) : 배고픔과 추위.	
	飢 飢 飢	
厭	싫어할/물릴 염	厭 厭 厭 厭 厭 厭 厭 厭 厭 厭 厭 厭 厭 厭
	厭世(염세) : 세상을 괴롭고 귀찮게 여김. 厭症(염증) : 싫증.	
	厭 厭 厭	
糟	지게미 조	糟 糟 糟 糟 糟 糟 糟 糟 糟 糟 糟 糟 糟 糟 糟 糟 糟
	糟糠之妻(조강지처) : 가난할 때 고생을 함께하며 살아온 아내.	
	糟 糟 糟	
糠	겨 강	糠 糠 糠 糠 糠 糠 糠 糠 糠 糠 糠 糠 糠 糠 糠 糠 糠
	糠粥(강죽) : 겨로 쑨 죽.	
	糠 糠 糠	

천자문을 소리 내어 읽으며 바르고 예쁘게 써 보세요.

기	염	조	강	飢	厭	糟	糠

친척고구 親戚故舊

월 일

오래 사귄 친구와 가까운 친척은
정성을 다해 대해야 한다.

親	친할 친	親 親 親 親 親 親 親 親 親 親 親 親 親 親 親 親
	親近(친근) : 정분이 친하고 가까운 것. 兩親(양친) : 어머니와 아버지.	
	親 親 親	
戚	친척 척	戚 戚 戚 戚 戚 戚 戚 戚 戚 戚 戚
	姻戚(인척) : 외가와 처가의 혈족. 外戚(외척) : 어머니 쪽의 친척.	
	戚 戚 戚	
故	연고 고	故 故 故 故 故 故 故 故 故
	故事(고사) : 옛날에 있었던 일. 有故(유고) : 까닭이나 사고가 있음.	
	故 故 故	
舊	옛 구	舊 舊 舊 舊 舊 舊 舊 舊 舊 舊 舊 舊 舊 舊 舊 舊 舊 舊
	復舊(복구) : 예전 상태로 돌이킴. 舊屋(구옥) : 지은 지 오래된 집.	
	舊 舊 舊	

천자문을 소리 내어 읽으며 바르고 예쁘게 써 보세요.

친	척	고	구	親	戚	故	舊

노소이량 老少異糧

월 일

나이든 어른이냐 젊은 사람이냐에 따라
대접하는 음식도 달라야 한다.
건강과 취향 등도 세심하게 고려해 준비한다.

老	늙을 로	老 老 老 老 老 老
	元老(원로) : 오랫동안 한 가지 일에 종사하여 그 일에 공로가 많은 사람.	
少	적을/젊을 소	少 少 少 少
	男女老少(남녀노소) : 남자와 여자, 늙은이와 젊은이. 즉 모든 사람을 이름.	
異	다를 이	異 異 異 異 異 異 異 異 異 異 異
	異國(이국) : 다른 나라. 異端(이단) : 바르지 못한 길.	
糧	양식 량	糧 糧 糧 糧 糧 糧 糧 糧 糧 糧 糧 糧 糧 糧 糧 糧 糧 糧
	糧穀(양곡) : 양식으로 사용하는 곡식. 絶糧(절량) : 양식이 떨어짐.	

천자문을 소리 내어 읽으며 바르고 예쁘게 써 보세요.

노	소	이	량	老	少	異	糧

첩어적방 妾御績紡

월 일

옛날 아내들은 옷감을 짜서
가족들에게 옷을 지어 입혔다.

妾	첩 **첩**	妾 妾 妾 妾 妾 妾 妾 妾
	小妾(소첩) : 여자가 자기를 낮추어 일컫는 말. 愛妾(애첩) : 사랑하는 첩.	
	妾 妾 妾	
御	거느릴 **어**	御 御 御 御 御 御 御 御 御 御 御 御
	御命(어명) : 임금의 명령. 制御(제어) : 제 마음대로 다룸.	
	御 御 御	
績	길쌈할 **적**	績 績 績 績 績 績 績 績 績 績 績 績 績 績 績 績 績
	成績(성적) : 이루어 놓은 공적.	
	績 績 績	
紡	길쌈 **방**	紡 紡 紡 紡 紡 紡 紡 紡 紡 紡
	紡績(방적) : 실을 뽑는 일. 紡織(방직) : 실을 뽑는 것과 피륙을 짜는 일.	
	紡 紡 紡	

천자문을 소리 내어 읽으며 바르고 예쁘게 써 보세요.

첩	어	적	방	妾	御	績	紡

시건유방 侍巾帷房

월 일

안방에서 수건을 들고 시중도 들었다.
아내가 할 일은 가족들의 생활을 살뜰히 살피고,
집안을 책임진 가장을 옆에서 돕는 것이었다.

侍	모실 **시**	侍 侍 侍 侍 侍 侍 侍 侍
	侍下(시하) : 부모나 조부모가 살아 있는 가정 환경.	
	侍 侍 侍	
巾	수건 **건**	巾 巾 巾
	手巾(수건) : 손·얼굴 등을 닦거나 머리에 쓰기도 하는 천 조각.	
	巾 巾 巾	
帷	휘장 **유**	帷 帷 帷 帷 帷 帷 帷 帷 帷 帷 帷
	帷幕(유막) : 진영에 있는 장막.	
	帷 帷 帷	
房	방 **방**	房 房 房 房 房 房 房 房
	獨房(독방) : 혼자서 쓰는 방. 閨房(규방) : 부녀자가 거처하는 방.	
	房 房 房	

천자문을 소리 내어 읽으며 바르고 예쁘게 써 보세요.

시	건	유	방	侍	巾	帷	房

환선원결 紈扇圓潔

월 일

흰 비단으로 만든 부채는 둥글고 깨끗하다.
새하얀 비단 부채는 선비들의 방 안에
시원한 바람을 일으켜 준다.

紈

흰 비단 환

紈素(환소) : 흰 비단. 氷紈(빙환) : 얼음같이 깨끗함.

扇

부채 선

扇風機(선풍기) : 전기의 힘으로 바람을 일으키는 기구.

圓

둥글 원

圓滿(원만) : 인품이나 성격이 너그럽고 결함이 없음.

潔

깨끗할 결

潔白(결백) : 깨끗하고 흼. 淨潔(정결) : 매우 깨끗하고 깔끔함.

천자문을 소리 내어 읽으며 바르고 예쁘게 써 보세요.

환	선	원	결	紈	扇	圓	潔

은촉휘황 銀燭煒煌

월 일

휘황찬란하게 빛나는 은촛대는, 선비들의 책상 위를 밝혀준다. 작지만 꼭 필요한 소중한 물건들이다.

銀	은 **은**	銀 銀 銀 銀 銀 銀 銀 銀 銀 銀 銀 銀 銀 銀
	銀塊(은괴) : 은덩이. 銀髮(은발) : 은백색 머리.	
	銀 銀 銀	
燭	촛불 **촉**	燭 燭 燭 燭 燭 燭 燭 燭 燭 燭 燭 燭 燭 燭 燭 燭 燭
	風燭(풍촉) : 바람 앞의 촛불이라는 뜻으로, 매우 위험한 처지에 놓여 있음.	
	燭 燭 燭	
煒	빛 **휘**	煒 煒 煒 煒 煒 煒 煒 煒 煒 煒 煒 煒 煒
	煒煌(위황) : 환하게 빛남. 煒煒(위위) : 빛나서 눈부신 모양.	
	煒 煒 煒	
煌	빛날 **황**	煌 煌 煌 煌 煌 煌 煌 煌 煌 煌 煌 煌 煌
	煌煌(황황) : 번쩍번쩍 빛나는 모양. 輝煌(휘황) : 광채가 눈부시게 빛남.	
	煌 煌 煌	

천자문을 소리 내어 읽으며 바르고 예쁘게 써 보세요.

은	촉	휘	황	銀	燭	煒	煌

주면석매 晝眠夕寐

월 일

낮에는 낮잠을 자고 밤에는 일찍 잠자리에 드니,
한가하고 여유로운 사람의 일상이다.

晝	낮 주	晝間(주간) : 낮 동안. 晝夜(주야) : 밤과 낮.
眠	잘 면	冬眠(동면) : 동물이 땅속이나 구멍 속에서 수면 상태로 겨울을 남.
夕	저녁 석	夕刊(석간) : 저녁때 배달되는 신문. 夕陽(석양) : 저녁때의 해.
寐	잘 매	夢寐(몽매) : 잠을 자며 꿈을 꿈. 寤寐(오매) : 깨어 있을 때나 잘 때.

천자문을 소리 내어 읽으며 바르고 예쁘게 써 보세요.

주	면	석	매	晝	眠	夕	寐

남순상상 藍筍象床

월 일

밤에 잘 때는
푸른 대나무 돗자리를 깔고
코끼리 상아로 장식한 침대에서 잔다.

藍	쪽 람	藍 藍 藍 藍 藍 藍 藍 藍 藍 藍 藍 藍 藍 藍 藍 藍 藍 藍
	藍靑(남청) : 짙고 검푸른 빛. 出藍(출람) : 제자가 스승보다 더 뛰어남.	
	藍 藍 藍	
筍	죽순 순	筍 筍 筍 筍 筍 筍 筍 筍 筍 筍 筍 筍
	竹筍(죽순) : 대나무의 싹. 蔬筍(소순) : 채소와 죽순.	
	筍 筍 筍	
象	코끼리 상	象 象 象 象 象 象 象 象 象 象 象 象
	象牙(상아) : 코끼리의 어금니. 象形(상형) : 사물의 형상을 본뜸.	
	象 象 象	
床	평상 상	床 床 床 床 床 床 床
	床褓(상보) : 음식을 차려 놓은 상을 덮는 보자기.	
	床 床 床	

천자문을 소리 내어 읽으며 바르고 예쁘게 써 보세요.

남	순	상	상	藍	筍	象	床

현가주연 絃歌酒讌

월 일

연회를 베풀어,
거문고를 타고 노래를 부르면서
술과 이야기를 나눈다.

絃	줄 현	絃 絃 絃 絃 絃 絃 絃 絃 絃 絃 絃
	絃樂器(현악기) : 줄을 타거나 켜서 소리를 내는 악기.	
	絃 絃 絃	
歌	노래 가	歌 歌 歌 歌 歌 歌 歌 歌 歌 歌 歌 歌 歌 歌
	歌曲(가곡) : 노래. 歌舞(가무) : 노래와 춤.	
	歌 歌 歌	
酒	술 주	酒 酒 酒 酒 酒 酒 酒 酒 酒 酒
	酒客(주객) : 술을 좋아하는 사람. 酒量(주량) : 술을 마시는 분량.	
	酒 酒 酒	
讌	이야기할 연	讌 讌 讌 讌 讌 讌 讌 讌 讌 讌 讌 讌 讌 讌 讌 讌 讌 讌
	讌戱(연희) : 여러 사람이 모여서 베푸는 잔치.	
	讌 讌 讌	

천자문을 소리 내어 읽으며 바르고 예쁘게 써 보세요.

현	가	주	연	絃	歌	酒	讌

접배거상 接杯擧觴

월 일

서로 잔을 들고 술잔을 기울이며
안부를 묻고 축하를 하며 인사를 주고받는다.
다함께 즐기니 연회가 흥겹다.

한자	훈음	획순 및 풀이
接	이을 접	接待(접대) : 손님을 맞아서 대접함. 接續(접속) : 맞닿게 하여 이음.
杯	잔 배	祝杯(축배) : 축하의 뜻을 나타내기 위하여 마시는 술.
擧	들 거	擧事(거사) : 일을 일으킴. 擧國(거국) : 온 나라 모두.
觴	잔 상	觴詠(상영) : 술을 마시며 시를 읊음. 觴酌(상작) : 술잔을 주고받음.

천자문을 소리 내어 읽으며 바르고 예쁘게 써 보세요.

접	배	거	상	接	杯	擧	觴

교수돈족 矯手頓足

월 일

손을 들고 발을 구르며 춤을 춘다.
음악에 맞춰 덩실덩실 어깨춤을 추면서
발을 구르며 장단을 맞춘다.

矯	바로잡을/들 교	矯 矯 矯 矯 矯 矯 矯 矯 矯 矯 矯 矯 矯 矯 矯 矯 矯
	矯僞(교위) : 속임.	
	矯 矯 矯	
手	손 수	手 手 手 手
	手工(수공) : 손을 써서 만드는 공예. 擧手(거수) : 손을 듦.	
	手 手 手	
頓	조아릴/구를 돈	頓 頓 頓 頓 頓 頓 頓 頓 頓 頓 頓 頓 頓
	頓絶(돈절) : 편지나 소식 따위가 딱 끊어짐. 整頓(정돈) : 가지런히 바로잡음.	
	頓 頓 頓	
足	발 족	足 足 足 足 足 足 足
	手足(수족) : 손과 발. 洽足(흡족) : 넉넉하여 조금도 모자람이 없음.	
	足 足 足	

천자문을 소리 내어 읽으며 바르고 예쁘게 써 보세요.

교	수	돈	족	矯	手	頓	足

열예차강 悅豫且康

□ 월 □ 일

흥에 취해 춤추고 노래하니,
기쁘고 즐거워 마음이 편안하다.
연회는 몸과 마음을 푸는 즐거운 시간이다.

悅

기뻐할 **열**

悅 悅 悅 悅 悅 悅 悅 悅 悅 悅

悅樂(열락) : 기뻐하고 즐거워함. 法悅(법열) : 진리를 깨달아 마음에서 우러나는 기쁨.

悅 悅 悅

豫

미리/기뻐할 **예**

豫 豫 豫 豫 豫 豫 豫 豫 豫 豫 豫 豫 豫 豫 豫 豫

豫測(예측) : 앞으로의 일을 미리 짐작함. 豫約(예약) : 미리 약속함.

豫 豫 豫

且

또 **차**

且 且 且 且 且

況且(황차) : 하물며. 苟且(구차) : 살림이 매우 가난함.

且 且 且

康

편안 **강**

康 康 康 康 康 康 康 康 康 康 康

康健(강건) : 윗사람의 기력이 실하고 튼튼함.

康 康 康

천자문을 소리 내어 읽으며 바르고 예쁘게 써 보세요.

열	예	차	강	悅	豫	且	康

적후사속 嫡後嗣續

월 일

적실, 즉 맏아들은 부모의 뒤를 이어서
한 집안을 이끌어 가야 한다.

한자	훈음	쓰는 순서 및 낱말
嫡	정실 적	嫡庶(적서) : 적자와 서자. 嫡子(적자) : 정실(본처)이 낳은 아들.
後	뒤 후	後方(후방) : 뒤쪽. 今後(금후) : 이제부터.
嗣	이을 사	嗣子(사자) : 대를 이을 아들. 後嗣(후사) : 대를 이을 자식.
續	이을 속	續開(속개) : 멈췄던 회의를 다시 엶.

천자문을 소리 내어 읽으며 바르고 예쁘게 써 보세요.

적	후	사	속	嫡	後	嗣	續

제사증상 祭祀蒸嘗

월 일

제사는 음식을 쪄서 올리는 겨울 제사와
음식을 맛보는 가을 제사가 있다.
최대 명절인 설과 추석에 맏아들이 제사를 지낸다.

祭	제사 제
	祭物(제물) : 제사에 쓰이는 물건.
祀	제사 사
	祀天(사천) : 하늘에 제사를 지냄.
蒸	찔 증
	蒸發(증발) : 액체가 기체로 변함. 또는 그런 현상. 蒸氣(증기) : 수증기의 준말.
嘗	맛볼 상
	嘗禾(상화) : 새 곡식으로 제사를 지냄. 또는 그 제사. 嘗味(상미) : 맛을 봄.

천자문을 소리 내어 읽으며 바르고 예쁘게 써 보세요.

제	사	증	상	祭	祀	蒸	嘗

계상재배 稽顙再拜

월 일

제사를 지낼 때는
이마를 조아려 조상들께 두 번 절한다.

稽	조아릴 계	
	稽古(계고) : 옛일을 자세히 살피어 참고함.	
顙	이마 상	
	稽顙(계상) : 이마가 닿도록 몸을 굽혀 절함. 顙汗(상한) : 이마의 땀.	
再	두/다시 재	
	再建(재건) : 무너진 것을 다시 일으켜 세움. 再演(재연) : 다시 상연함.	
拜	절 배	
	崇拜(숭배) : 우러러 공경함. 歲拜(세배) : 섣달그믐이나 정초에 하는 인사.	

천자문을 소리 내어 읽으며 바르고 예쁘게 써 보세요.

계	상	재	배	稽	顙	再	拜

송구공황 悚懼恐惶

월 일

두렵고 공경하는 마음으로,
몸가짐을 단정히 하고 예의를 다해
제사를 치러야 한다.

悚

두려울 **송**

悚懼(송구) : 마음에 두렵고 미안함. 罪悚(죄송) : 죄스럽고 황송함.

悚 悚 悚

懼

두려워할 **구**

懼然(구연) : 두려워하는 모양. 疑懼(의구) : 의심하고 두려워함.

懼 懼 懼

恐

두려울 **공**

恐怖(공포) : 두려워함. 恐喝(공갈) : 무섭게 으르고 위협함.

恐 恐 恐

惶

두려울 **황**

惶恐(황공) : 위엄이나 지위에 눌리어 어쩔 줄 모를 정도로 두려워함.

惶 惶 惶

천자문을 소리 내어 읽으며 바르고 예쁘게 써 보세요.

송	구	공	황	悚	懼	恐	惶

전첩간요 牋牒簡要

월 일

글은 말을 다 전하지 못하니,
문서나 편지를 쓸 때는 요점만 간략하게 쓴다.

牋
종이 **전**

牋疏(전소) : 임금에게 자기 의견을 아뢰는 글. 牋翰(전한) : 종이와 붓.

牒
편지 **첩**

請牒(청첩) : 경사가 있을 때에 남을 초청하는 글.

簡
간략할 **간**

簡單(간단) : 간편하고 단출함. 書簡(서간) : 편지.

要
요긴할 **요**

要緊(요긴) : 꼭 필요함. 必要(필요) : 꼭 요구됨.

천자문을 소리 내어 읽으며 바르고 예쁘게 써 보세요.

전	첩	간	요	牋	牒	簡	要

고답심상 顧答審詳

월 일

안부를 묻거나 질문에 답할 때에는
상황을 살펴서 되도록 자세하게 써서
마음을 전해야 한다.

顧	돌아볼 고
	回顧錄(회고록) : 지난 일을 돌이켜 생각하여 적은 기록.
答	대답 답
	正答(정답) : 옳은 답. 答訪(답방) : 남의 방문에 대한 답례로 방문함.
審	살필 심
	審問(심문) : 자세히 따져서 물음. 審理(심리) : 자세히 조사하여 처리함.
詳	자세할 상
	詳報(상보) : 상세히 알림. 未詳(미상) : 자세하지 않음.

천자문을 소리 내어 읽으며 바르고 예쁘게 써 보세요.

고	답	심	상	顧	答	審	詳

해구상욕 骸垢想浴

월 일

몸에 때가 끼면 목욕하고 싶어진다.
사람은 누구나 몸이 더러우면 깨끗하게 씻고 싶어 한다.
마음의 때가 끼었음을 깨달았을 때도 마찬가지다.

骸	뼈 해	遺骸(유해) : 죽은 사람의 뼈. 殘骸(잔해) : 썩거나 타다가 남은 뼈.
垢	때 구	垢穢(구예) : 때가 묻어 더러움. 無垢(무구) : 잡물이 섞이지 않고 순수함.
想	생각 상	思想(사상) : 어떠한 사물에 대해 가지고 있는 구체적인 생각.
浴	목욕할 욕	浴槽(욕조) : 목욕을 하는 시설. 海水浴(해수욕) : 바다에서 헤엄치거나 노는 일.

천자문을 소리 내어 읽으며 바르고 예쁘게 써 보세요.

해	구	상	욕	骸	垢	想	浴

집열원량 執熱願凉

월 일

뜨거운 것을 잡으면 서늘해지기를 원한다.
청결하고 안락하기를 바라는 것은 인간의 본능이니,
공부하다 열이 나면 씻거나 잠시 쉬면서 머리를 식혀라.

執	잡을 **집**	執 執 執 執 執 執 執 執 執 執 執
	執着(집착) : 어떤 일에 마음이 쏠려 떠나지 아니함.	
	執 執 執	
熱	더울 **열**	熱 熱 熱 熱 熱 熱 熱 熱 熱 熱 熱 熱 熱 熱 熱
	熱意(열의) : 무슨 일을 이루려고 열성을 다하는 마음.	
	熱 熱 熱	
願	원할 **원**	願 願 願 願 願 願 願 願 願 願 願 願 願 願 願 願 願 願
	所願(소원) : 무슨 일이 이루어지기를 바람. 願書(원서) : 지원하거나 청원하는 서류.	
	願 願 願	
凉	서늘할 **량**	凉 凉 凉 凉 凉 凉 凉 凉 凉 凉
	淸凉(청량) : 맑고 서늘함. 納凉(납량) : 여름에 더위를 피하여 서늘함을 맛봄.	
	凉 凉 凉	

천자문을 소리 내어 읽으며 바르고 예쁘게 써 보세요.

집	열	원	량	執	熱	願	凉

여라독특 驢騾犢特

월 일

나귀와 노새와 송아지는 집안의 재산으로 칠 만큼 특히 귀하게 여기는 가축이다.

한자	훈음	뜻풀이
驢	당나귀 려	驢馬(여마) : 당나귀. 驢車(여거) : 당나귀가 끄는 수레.
騾	노새 라	騾驢(나려) : 노새와 당나귀. 騾子軍(나자군) : 노새를 탄 기병.
犢	송아지 독	犢車(독거) : 송아지가 끄는 수레. 犢角(독각) : 송아지의 뿔.
特	특별할 특	特食(특식) : 특별히 잘 차려진 식사. 特許(특허) : 특별히 허가함.

천자문을 소리 내어 읽으며 바르고 예쁘게 써 보세요.

여	라	독	특	驢	騾	犢	特

해약초양 駭躍超驤

월 일

가축들이 놀라서 서로 뛰어넘고 달린다.
임금이 어진 정치를 펼치니, 집집마다 가축들이
건강하게 잘 자라 백성이 부유하고 여유롭다.

駭	놀랄 해	駭怪(해괴) : 매우 괴상함. 駭妄(해망) : 해괴하고 망령됨.
躍	뛸 약	跳躍(도약) : 몸을 위로 솟구쳐 뛰는 일. 活躍(활약) : 활발히 활동함.
超	뛰어넘을 초	超人(초인) : 보통 인간의 능력을 뛰어넘은 사람. 超過(초과) : 일정 한도를 넘음.
驤	머리 들 양	驤螭(양리) : 교룡이 승천함.

천자문을 소리 내어 읽으며 바르고 예쁘게 써 보세요.

해	약	초	양	駭	躍	超	驤

주참적도 誅斬賊盜

월 일

산적과 도둑은 목을 베어야 한다.
자신의 이익을 위해 다른 사람을 해치면,
안정된 사회 질서가 깨어지기 때문이다.

誅	벨 주
	誅求(주구) : 관청에서 백성의 재물을 강제로 마구 빼앗아 감.
斬	벨 참
	處斬(처참) : 목을 베어 죽이는 형벌에 처함.
賊	도둑 적
	逆賊(역적) : 임금에게 반역한 사람. 山賊(역적) : 산속에 근거지를 둔 도적.
盜	도둑 도
	盜難(도난) : 도둑을 맞는 재난.

천자문을 소리 내어 읽으며 바르고 예쁘게 써 보세요.

주 참 적 도 誅 斬 賊 盜

포획반망 捕獲叛亡

월 일

나라를 배반하고 도망치는 자는 잡아들인다.
나라의 기강을 어지럽히는 사람은
강력한 법으로 다스려야 나라가 바로 선다.

捕	잡을 **포**
	捕手(포수) : 야구에서 투수가 던지는 공을 받는 선수.
獲	얻을/잡을 **획**
	漁獲(어획) : 수산물을 잡거나 채취함.
叛	배반할 **반**
	叛軍(반군) : 반란을 일으킨 군대. 叛逆(반역) : 배반하여 돌아섬.
亡	망할/도망할 **망**
	逃亡(도망) : 피하거나 쫓기어 달아남. 敗亡(패망) : 전쟁에서 져서 망함.

천자문을 소리 내어 읽으며 바르고 예쁘게 써 보세요.

포	획	반	망	捕	獲	叛	亡

포사료환 布射僚丸

월 일

한나라의 여포는 화살을 잘 쏘았고,
초나라의 웅의료는 무거운 포환을 잘 던졌다.
두 사람은 활과 포환 다루는 솜씨가 뛰어났다.

布	베 포	布 布 布 布 布
	布巾(포건) : 베로 만들어 머리에 쓰는 건.	
	布 布 布	
射	쏠 사	射 射 射 射 射 射 射 射 射 射
	射殺(사살) : 활이나 총 따위로 쏘아 죽임.	
	射 射 射	
僚	동료 료	僚 僚 僚 僚 僚 僚 僚 僚 僚 僚 僚 僚 僚 僚
	同僚(동료) : 같은 직장이나 같은 부문에서 함께 일하는 사람.	
	僚 僚 僚	
丸	둥글 환	丸 丸 丸
	丸藥(환약) : 약재를 빻아 반죽하여 작고 둥글게 만든 약. 彈丸(탄환) : 총알.	
	丸 丸 丸	

천자문을 소리 내어 읽으며 바르고 예쁘게 써 보세요.

포	사	료	환	布	射	僚	丸

혜금완소 嵇琴阮嘯

월 일

위나라 혜강은 거문고를 잘 탔고,
그의 친구 완적은 휘파람을 잘 불었다.
이들은 기예를 잘 닦아서 삶이 풍요로웠다.

嵇	산 이름 **혜**	嵇 嵇 嵇 嵇 嵇 嵇 嵇 嵇 嵇 嵇 嵇 嵇
	嵇康(혜강) : 중국 삼국 시대 위나라의 시인·철학자.	
	嵇 嵇 嵇	
琴	거문고 **금**	琴 琴 琴 琴 琴 琴 琴 琴 琴 琴 琴 琴
	心琴(심금) : 자극에 따라 미묘하게 움직이는 마음을 '거문고'에 비유한 말.	
	琴 琴 琴	
阮	나라 이름 **완**	阮 阮 阮 阮 阮 阮 阮
	阮籍(완적) : 중국 삼국 시대 위나라의 사상가·시인.	
	阮 阮 阮	
嘯	휘파람 불 **소**	嘯 嘯 嘯 嘯 嘯 嘯 嘯 嘯 嘯 嘯 嘯 嘯 嘯 嘯 嘯 嘯
	嘯詠(소영) : 시가를 읊음.	
	嘯 嘯 嘯	

천자문을 소리 내어 읽으며 바르고 예쁘게 써 보세요.

혜	금	완	소	嵇	琴	阮	嘯

염필륜지 恬筆倫紙

월 일

진나라의 몽념은 토끼털로 붓을 만들었고,
후한의 채륜은 처음 종이를 만들었다.
이로써 지식의 축적이 가능해졌다.

恬 편안할 **념**

蒙恬(몽념) : 중국 진나라의 장군으로, 붓을 처음 만듦.

筆 붓 **필**

筆記(필기) : 글씨를 씀. 自筆(자필) : 자기 손으로 직접 씀.

倫 인륜 **륜**

倫理(윤리) : 사람이 지켜야 할 도리와 규범.

紙 종이 **지**

紙面(지면) : 종이의 겉면. 白紙(백지) : 흰 빛깔의 종이.

천자문을 소리 내어 읽으며 바르고 예쁘게 써 보세요.

염	필	륜	지	恬	筆	倫	紙

균교임조 鈞巧任釣

월 일

마균은 재주가 뛰어나 저절로 남쪽을 향해 가는
수레를 만들었고, 임공자는 낚싯바늘을 만들었다.
도구의 발전은 인류 문명을 빠르게 발전시켰다.

鈞	서른 근 균	鈞 鈞 鈞 鈞 鈞 鈞 鈞 鈞 鈞 鈞 鈞 鈞
	鈞衡(균형) : 어느 한쪽으로 치우치지 않음.	
	鈞 鈞 鈞	
巧	공교할 교	巧 巧 巧 巧 巧
	巧妙(교묘) : 솜씨나 꾀 따위가 재치 있고 약삭빠름.	
	巧 巧 巧	
任	맡길 임	任 任 任 任 任 任
	任期(임기) : 임무를 맡아보는 일정한 기간. 信任(신임) : 믿고 일을 맡김.	
	任 任 任	
釣	낚시질할 조	釣 釣 釣 釣 釣 釣 釣 釣 釣 釣 釣
	釣臺(조대) : 낚시터. 釣針(조침) : 낚싯바늘.	
	釣 釣 釣	

천자문을 소리 내어 읽으며 바르고 예쁘게 써 보세요.

균	교	임	조	鈞	巧	任	釣

석분리속 釋紛利俗

월 일

기예를 펼쳐 백성들의 근심을 풀어 주고,
각종 도구를 만들어 생활을 이롭게 했다.

釋	풀 석	釋 釋 釋 釋 釋 釋 釋 釋 釋 釋 釋 釋 釋 釋 釋 釋 釋 釋
		釋放(석방) : 법에 의하여 구속된 사람을 풀어 자유롭게 함.
		釋 釋 釋
紛	어지러울 분	紛 紛 紛 紛 紛 紛 紛 紛 紛 紛
		紛失(분실) : 잃어버림. 內紛(내분) : 내부에서 일어난 분쟁.
		紛 紛 紛
利	날카로울/이로울 리	利 利 利 利 利 利 利
		利用(이용) : 물건을 이롭게 쓰거나 쓸모 있게 씀. 勝利(승리) : 싸워서 이김.
		利 利 利
俗	풍속 속	俗 俗 俗 俗 俗 俗 俗 俗 俗
		低俗(저속) : 품은 뜻이나 인격 따위가 낮고 속됨.
		俗 俗 俗

천자문을 소리 내어 읽으며 바르고 예쁘게 써 보세요.

석	분	리	속	釋	紛	利	俗

병개가묘 竝皆佳妙

월 일

모두가 아름답고 오묘한 재주다.
문화와 기술의 발전은
인간의 삶을 풍요롭게 해 주었다.

竝	나란히/모두 병	竝 竝 竝 竝 竝 竝 竝 竝 竝 竝
	竝列(병렬) : 여럿이 나란히 벌여 섬. 竝立(병립) : 나란히 섬.	
皆	다 개	皆 皆 皆 皆 皆 皆 皆 皆 皆
	皆勤(개근) : 학교나 직장 따위에 일정한 기간 동안 하루도 빠짐없이 출석하거나 출근함.	
佳	아름다울 가	佳 佳 佳 佳 佳 佳 佳 佳
	佳境(가경) : 한창 재미있는 판이나 고비. 佳約(가약) : 아름다운 약속.	
妙	묘할 묘	妙 妙 妙 妙 妙 妙 妙
	妙技(묘기) : 교묘한 기술과 재주. 妙案(묘안) : 아주 뛰어난 생각.	

천자문을 소리 내어 읽으며 바르고 예쁘게 써 보세요.

병	개	가	묘	竝	皆	佳	妙

모시숙자 毛施淑姿

월 일

월나라 왕 구천이 사랑한 모장(毛)과
월나라의 서시(施)는 절세의 미인이었다.

毛	터럭 모	毛 毛 毛 毛
	毛布(모포) : 담요. 不毛地(불모지) : 식물이 자라지 않는 거칠고 메마른 땅.	
	毛 毛 毛	
施	베풀 시	施 施 施 施 施 施 施 施 施
	施行(시행) : 실제로 행함. 施設(시설) : 도구나 장치 등을 베풀어 차림.	
	施 施 施	
淑	맑을 숙	淑 淑 淑 淑 淑 淑 淑 淑 淑 淑 淑
	淑女(숙녀) : 정숙하고 품위 있는 여자. 靜淑(정숙) : 여자의 성품이 조용하고 얌전함.	
	淑 淑 淑	
姿	모양 자	姿 姿 姿 姿 姿 姿 姿 姿 姿
	姿態(자태) : 어떤 모양이나 태도. 姿色(자색) : 여자의 용모와 안색.	
	姿 姿 姿	

천자문을 소리 내어 읽으며 바르고 예쁘게 써 보세요.

모	시	숙	자	毛	施	淑	姿

공빈연소 工嚬姸笑

월 일

두 미인은 오묘하게 찡그리고 예쁘게 웃었다.
찡그리는 모습조차 눈을 뗄 수 없는 미모라고 할지라도,
아름답다고 여길 뿐 혼이 빠져서는 안 된다.

工	장인/공교할 **공**	工 工 工
	人工(인공) : 사람의 힘으로 자연물과 똑같은 것을 만들어 내는 일.	
	工 工 工	
嚬	찡그릴 **빈**	嚬 嚬 嚬 嚬 嚬 嚬 嚬 嚬 嚬 嚬 嚬 嚬 嚬 嚬 嚬 嚬 嚬 嚬
	嚬蹙(빈축) : 눈살을 찌푸리고 얼굴을 찡그림.	
	嚬 嚬 嚬	
姸	고울 **연**	姸 姸 姸 姸 姸 姸 姸 姸 姸
	姸人(연인) : 아름다운 사람. 姸華(연화) : 아름답고 화려함.	
	姸 姸 姸	
笑	웃음 **소**	笑 笑 笑 笑 笑 笑 笑 笑 笑 笑
	大笑(대소) : 소리 내어 크게 웃음. 失笑(실소) : 참지 못하고 저도 모르게 웃음.	
	笑 笑 笑	

천자문을 소리 내어 읽으며 바르고 예쁘게 써 보세요.

공	빈	연	소	工	嚬	姸	笑

연시매최 年矢每催

월 일

세월은 날아가는 화살처럼 빨라
항상 다음 해를 재촉한다.

年

해/세월 **년** 年 年 年 年 年 年

年中(연중) : 한 해 동안. 年輩(연배) : 서로 비슷한 나이.

年 年 年

矢

화살 **시** 矢 矢 矢 矢 矢

弓矢(궁시) : 활과 화살. 矢服(시복) : 화살을 넣는 통.

矢 矢 矢

每

매양 **매** 每 每 每 每 每 每 每

每日(매일) : 날마다. 每事(매사) : 하나하나의 일.

每 每 每

催

재촉할 **최** 催 催 催 催 催 催 催 催 催 催 催 催 催

催告(최고) : 법률상 일정한 결과를 일으키기 위하여 상대편의 행위를 재촉함.

催 催 催

천자문을 소리 내어 읽으며 바르고 예쁘게 써 보세요.

연	시	매	최	年	矢	每	催

희휘랑요 曦暉朗曜

월 일

그렇다 해도 하늘의 햇빛과 달빛은
언제나 온 세상을 밝게 비춘다.
빛은 희망을 안고 떠오른다.

曦	햇빛 희	曦月(희월) : 해와 달. 曦光(희광) : 아침 햇빛.
暉	빛 휘	暉映(휘영) : 광채가 비침.
朗	밝을 랑	朗讀(낭독) : 소리 내어 읽음. 明朗(명랑) : 맑고 밝음.
曜	빛날 요	火曜日(화요일) : 월요일을 기준으로 한 주의 둘째 날. 焕曜(환요) : 빛남.

천자문을 소리 내어 읽으며 바르고 예쁘게 써 보세요.

희	휘	랑	요	曦	暉	朗	曜

선기현알 璇璣懸斡

월 일

선기옥형이 높이 매달려 돌아간다.
천체(天體)를 관측하는 옛 기구가 '선기옥형'이다.
틀에 올려 놓고 회전시켜서 하늘의 움직임을 관찰하였다.

璇
아름다운 옥 **선**

璇室(선실) : 옥으로 장식한 방. 璇珠(선주) : 아름다운 옥.

璇 璇 璇

璣
구슬 **기**

珠璣(주기) : 구슬.

璣 璣 璣

懸
달 **현**

懸車(현거) : 수레를 건다는 뜻으로, 늙어서 벼슬을 그만두는 것을 의미함.

懸 懸 懸

斡
돌 **알**

斡旋(알선) : 남의 일을 잘되도록 마련하여 줌.

斡 斡 斡

천자문을 소리 내어 읽으며 바르고 예쁘게 써 보세요.

선	기	현	알	璇	璣	懸	斡

회백환조 晦魄環照

월 일

그믐이 되면 달이 빛을 잃고 어두워졌다가
다시 고리처럼 둥글어지면서 환해진다.
순환하는 달처럼 밤과 낮이 돌고 세월이 흐른다.

晦	그믐 회	晦 晦 晦 晦 晦 晦 晦 晦 晦 晦 晦
	晦冥(회명) : 어두컴컴함. 晦朔(회삭) : 그믐과 초하루.	
	晦 晦 晦	
魄	넋 백	魄 魄 魄 魄 魄 魄 魄 魄 魄 魄 魄 魄 魄 魄 魄
	氣魄(기백) : 씩씩한 기상과 진취성이 있는 정신. 魂魄(혼백) : 넋.	
	魄 魄 魄	
環	고리 환	環 環 環 環 環 環 環 環 環 環 環 環 環 環 環 環 環
	花環(화환) : 조화나 생화를 모아 고리 모양으로 만든 것.	
	環 環 環	
照	비칠 조	照 照 照 照 照 照 照 照 照 照 照 照 照
	照明(조명) : 빛으로 비추어 밝게 함. 對照(대조) : 둘 이상의 대상을 맞대어 봄.	
	照 照 照	

천자문을 소리 내어 읽으며 바르고 예쁘게 써 보세요.

회	백	환	조	晦	魄	環	照

지신수우 指薪修祐

월 일

장작에 불을 지피듯
복 짓는 마음을 뜨겁게 갈고 닦아라.

指	가리킬/손가락 지
	指定(지정) : 무엇을 어떻게 하라고 가리켜 정함.
薪	섶(장작) 신
	薪柴(신시) : 장작과 섶나무. 薪樵(신초) : 땔나무.
修	닦을 수
	修身(수신) : 마음과 행실을 바르게 하는 일.
祐	도울/복 우
	祐助(우조) : 신령의 도움. 天祐(천우) : 하늘의 도움.

천자문을 소리 내어 읽으며 바르고 예쁘게 써 보세요.

지	신	수	우	指	薪	修	祐

영수길소 永綏吉卲

월 일

장작이 다 타더라도 강한 불씨가 여전히 남듯이,
편안함이 길어지고 길함이 높아진다.
좋은 행운을 오래도록 누릴 것이다.

永	길 영	永生(영생) : 영원히 삶. 永住(영주) : 한곳에 오래 삶.
綏	편안할 수	綏肆(수사) : 편안하여 멋대로임. 綏安(수안) : 다스려 평안하게 함.
吉	길할 길	吉日(길일) : 좋은 날. 吉人(길인) : 성품이 바르고 복스러워 좋은 사람.
卲	높을 소	卲雍(소옹) : 중국 송나라 때의 학자.

천자문을 소리 내어 읽으며 바르고 예쁘게 써 보세요.

영	수	길	소	永	綏	吉	卲

구보인령 矩步引領

월 일

걸음은 법도에 따르고 옷깃은 당겨 입는다.
바른 자세로 흐트러짐이 없이 걷고,
옷깃을 여며 단정하고 깔끔하게 한다.

矩	법도 구	矩 矩 矩 矩 矩 矩 矩 矩 矩 矩
	矩度(구도) : 법칙. 矩步(구보) : 바른 걸음걸이.	
	矩 矩 矩	
步	걸음 보	步 步 步 步 步 步 步
	步道(보도) : 사람이 다니는 길. 競步(경보) : 걸어서 빠르기를 겨루는 육상 경기.	
	步 步 步	
引	끌 인	引 引 引 引
	引上(인상) : 값을 올림. 引力(인력) : 물체가 서로 당기는 힘.	
	引 引 引	
領	옷깃 령	領 領 領 領 領 領 領 領 領 領 領 領 領 領
	領海(영해) : 통치권이 미치는 영토에 인접한 해역.	
	領 領 領	

천자문을 소리 내어 읽으며 바르고 예쁘게 써 보세요.

구	보	인	령	矩	步	引	領

부앙랑묘 俯仰廊廟

월 일

관직에 올라 서로 세상을 굽어보고 하늘을 우러러보듯 바르고 정확하게 행동한다. 몸가짐, 마음가짐을 바르게 하지 않으면 나랏일을 그르칠 수 있다.

俯	구부릴 **부**	俯
	俯仰(부앙) : 하늘을 우러러보고 땅을 굽어봄.	
仰	우러를 **앙**	仰
	仰天(앙천) : 하늘을 우러러봄. 信仰(신앙) : 믿고 받드는 일.	
廊	사랑채 **랑**	廊
	行廊(행랑) : 대문 양쪽으로 있는 방. 畵廊(화랑) : 미술품을 전시하는 시설.	
廟	사당 **묘**	廟
	廟堂(묘당) : 조선 시대 '의정부'의 별칭. 家廟(가묘) : 한 집안의 사당.	

천자문을 소리 내어 읽으며 바르고 예쁘게 써 보세요.

부	앙	랑	묘	俯	仰	廊	廟

속대긍장 束帶矜莊

월 일

띠를 두르고 긍지와 위엄을 갖춘다.
관직에 있는 사람은 몸가짐에
단정함과 공경함이 깃들어 있어야 한다.

束	묶을 속	束 束 束 束 束 束 束
	約束(약속) : 어떤 일에 대하여 서로 어기지 않을 것을 다짐함.	
	束 束 束	
帶	띠 대	帶 帶 帶 帶 帶 帶 帶 帶 帶 帶 帶
	連帶(연대) : 두 사람 이상이 함께 무슨 일을 하거나 함께 책임을 지는 일.	
	帶 帶 帶	
矜	자랑할 긍	矜 矜 矜 矜 矜 矜 矜 矜 矜
	矜持(긍지) : 스스로 자랑하는 마음. 矜恤(긍휼) : 불쌍히 여김.	
	矜 矜 矜	
莊	엄할 장	莊 莊 莊 莊 莊 莊 莊 莊 莊 莊 莊
	莊嚴(장엄) : 엄숙하고 위엄이 있음. 別莊(별장) : 경치 좋은 곳에 따로 마련한 집.	
	莊 莊 莊	

천자문을 소리 내어 읽으며 바르고 예쁘게 써 보세요.

속	대	긍	장	束	帶	矜	莊

배회첨조 徘徊瞻眺

월 일

몸가짐을 반듯하게 하여 여기저기 다니며
공경하는 마음으로 신중하게 둘러보아야 한다.
관직에 있는 사람은 뭇 백성들의 본보기가 된다.

徘	어정거릴 배
	徘徊(배회) : 목적 없이 거닒.
徊	머뭇거릴 회
	徊翔(회상) : 새가 하늘을 빙빙 날아 돎.
瞻	볼 첨
	瞻星臺(첨성대) : 동양에서 현존하는 가장 오래된 천문대. 瞻眺(첨조) : 쳐다봄.
眺	바라볼 조
	眺望(조망) : 먼 곳을 널리 바라봄. 眺覽(조람) : 멀리 바라봄.

천자문을 소리 내어 읽으며 바르고 예쁘게 써 보세요.

배	회	첨	조	徘	徊	瞻	眺

고루과문 孤陋寡聞

월 일

외롭고 누추하게 자라서 보고 들은 것이 적었다.
천자문을 지은 주흥사 자신을 겸손하게 말한 것이다.

孤	외로울 **고**
	孤立(고립) : 외따로 떨어져 있음. 孤兒(고아) : 부모가 없는 아이.
陋	더러울 **루**
	陋名(누명) : 사실이 아닌 일로 이름을 더럽히는 억울한 평판. 陋醜(누추) : 지저분하고 더럽다.
寡	적을 **과**
	寡聞(과문) : 보고 들은 것이 적음. 寡婦(과부) : 남편이 죽어 혼자 사는 여자.
聞	들을 **문**
	所聞(소문) : 여러 사람의 입에 오르내리면서 전하여 오는 말.

천자문을 소리 내어 읽으며 바르고 예쁘게 써 보세요.

고 루 과 문 孤 陋 寡 聞

우몽등초 愚蒙等誚

월 일

어리석고 무지한 사람들마저 꾸짖을 것이다.
혼자 터득한 편협한 배움이라서 겸허한 자세로
다른 사람에게 배우고자 한다는 말이다.

愚	어리석을 우	愚問(우문) : 어리석은 질문. 愚直(우직) : 어리석고 고지식함.
蒙	어두울 몽	童蒙(동몽) : 어려서 아직 사리에 어두운 아이.
等	무리 등	等分(등분) : 똑같이 나눔. 平等(평등) : 치우침이 없이 모두가 한결같음.
誚	꾸짖을 초	誚責(초책) : 꾸짖어 책망함. 誚讓(초양) : 꾸짖어 나무람.

천자문을 소리 내어 읽으며 바르고 예쁘게 써 보세요.

우	몽	등	초	愚	蒙	等	誚

위어조자 謂語助者

월 일

어조사라 불리는 글자가 있다.
실질적인 뜻은 없고, 말의 뜻을 뒷받침하거나
완성시키는 보조 역할만 한다.

謂	이를 위	謂 謂 謂 謂 謂 謂 謂 謂 謂 謂 謂 謂 謂 謂 謂 謂
	所謂(소위) : 이른바.	
	謂 謂 謂	
語	말씀 어	語 語 語 語 語 語 語 語 語 語 語 語 語 語
	語學(어학) : 어떤 나라의 언어, 특히 문법을 연구하는 학문. 單語(단어) : 낱말.	
	語 語 語	
助	도울 조	助 助 助 助 助 助 助
	助教(조교) : 대학의 교수 밑에서 연구와 사무를 돕는 직위.	
	助 助 助	
者	사람 자	者 者 者 者 者 者 者 者 者
	長者(장자) : 어른. 作者(작자) : 책을 지은 사람.	
	者 者 者	

천자문을 소리 내어 읽으며 바르고 예쁘게 써 보세요.

위	어	조	자	謂	語	助	者

언재호야 焉哉乎也

월 일

어조사 언·재·호·야, 네 글자 없이는 글이 완성될 수 없다.
이들을 사용하여 글을 맺어 보고자 한다.

한자	뜻과 음	낱말
焉	어찌 **언**	焉敢生心(언감생심) : 감히 그런 마음을 품을 수 없음.
哉	어조사 **재**	快哉(쾌재) : 일 따위가 마음먹은 대로 잘되어 만족스럽게 여김.
乎	어조사 **호**	斷乎(단호) : 결심이나 태도, 입장 따위가 과단성 있고 매우 엄격함.
也	어조사 **야**	及其也(급기야) : 마지막에 가서는. 마침내.

천자문을 소리 내어 읽으며 바르고 예쁘게 써 보세요.

언	재	호	야	焉	哉	乎	也

찾아보기

찾아보기

우아, 천자문 공부를 모두 마쳤어요.
어때요, 천자문이 달달 외워지나요?
꾸준한 노력의 결과가 탄탄한 실력으로
완성되기를 진심으로 바랄게요!
가자, 천지현황 우주홍황!